# AR Y CYRION

Harri Pritchard Jones

GOMER

Argraffiad cyntaf—Gorffennaf 1994

ISBN 1 85902 102 6

ⓗHarri Pritchard Jones

Dymuna'r cyhoeddwyr gydnabod cymorth Adrannau'r Cyngor Llyfrau Cymraeg.

Argraffwyd gan
J. D. Lewis a'i Feibion Cyf., Gwasg Gomer, Llandysul, Dyfed

## DIOLCHIADAU

Diolch i Gomer am gyhoeddi'r casgliad yma o'r goreuon o blith fy storïau byrion. Diolch hefyd i Wasg Christopher Davies am fod mor barod i ganiatáu imi gynnwys y storïau a ymddangosodd gyntaf yn y gyfrol *Troeon* (1966) ac yn *Storïau Awr Hamdden* (1974), i'r hen Gyngor Ysgolion am gael cynnwys 'Solo', i olygyddion *Taliesin* am gael cynnwys 'Dan yr Eira Gwyn', ac i Radio Cymru am gael cynnwys 'Rhosyn Rhyddid'.

Diolch arbennig, hefyd, i'm cyfaill Rose-marie de Lloyd am y darluniau.

# CYNNWYS

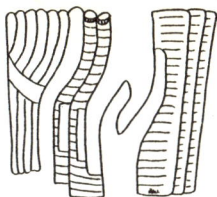

# EXIT

'Yfwch o rŵan, bob diferyn, Andy.'

'Diolch yn fawr, nyrs. Cofiwch ddŵad yn ôl i ddweud nos dawch cyn mynd oddi ar ddyletswydd.'

'Dwi'n siŵr o wneud.'

'A pheidiwch â chau'r llenni o gwmpas y gwely imi gael gweld drwy'r ffenest at y ward fawr.'

'O'r gorau. Hwyl 'ta, rŵan.'

Fuo yna 'rioed ffisig mor chwerw â hwn, dwi'n siŵr. Ond os ydi o'n gwneud lles imi, mi fydd 'i werth o. Pum wythnos sy yna rŵan. Mi fydd Martin yma heno, gobeithio, am sgwrs cyn mynd i'r theatr. Mae yntau'n heneiddio hefyd, y gwallt gosod yna'n dechrau dangos. Wel, mae o wedi cyfrannu tipyn erbyn hyn i fwyniant pobl Dulyn: mi wnaeth o bantomeim efo fi ac Eithne un tro. '37?—Ia. Mi ddawnsiodd a chanu fel hen drwpar, do'n wir, ond trasiedi ydi'i faes o'n bendant. Y llais cyfoethog yna mewn goslefau lu yn tasgu gwreichion iaith dros ei gynulleidfa; y 'sgwyddau hardd yna yn llydan fel ei dalcen. Dwi'n 'i gofio fo'n *ad libio* am bedwar munud un tro tra oedd Willy Clarke yn newid esgid a oedd wedi torri: canu, mud-chwarae, adrodd—a'r llygadau disglair yna, i fyny yn y seddi-paradwys, yn ymateb i'w ystumiau fel bwâu ffidlwyr mewn cerddorfa i'w harweinydd. Rêl boi. Diolch i Dduw am y proffesiynwyr. Mae Martin yn medru perfformio mor sicr a rheolaidd â pheiriant, a'r un pryd yn gallu gadael i holl dân ei enaid lifo allan mewn geiriau ac ystumiau ffurfiol a pherffaith. Bendith Duw arno fo. Mae o tua chwe blynedd yn hŷn na fi, dwi'n credu: mi fyddwn i'n unig ofnadwy hebddo fo.

Yn Corc wedyn, yn yr hen theatr laith yna, pobl y taleithiau'n gweld ein ffraethineb ni braidd yn aflednais, a phob cyfrwystra'n

1

syrthio ar dir hesb. Parti yn dilyn areithiau gan y Maer, a phob offeiriad a swyddog a gâi gyfle—pawb yn nabod actorion eraill o Ddulyn, medden nhw. Roedd yn dda inni wrth y pres hefyd, yr adeg hynny. Newydd briodi oedd Eithne a fi ers rhyw bum mis, a hithau'n feichiog eisoes, y greadures. Wel, dyna ni. Ella mai'r tristwch a ddaeth o fod yn ŵr heb fod yn dad a wnaeth ddoniolwr mor llwyddiannus ohono i—er imi gael adolygiad reit dda am chwarae Caliban hefyd, yn yr *Olympia* y tro hwnnw, un o'r rhai cyntaf yn fy llyfr lloffion. Roedd Martin yn hwnnw hefyd: Ariel ifanc, ystwyth yn llamu a phrancio o gwmpas y llwyfan nes imi ofni y buasai tin ei drywsus o'n rhwygo'n ddadlennol. O, ho! Mi gawson ni hwyl y tro yna, yn do? Dwy bunt yr wythnos yn ystod y cyfnod ymarfer, yn codi i bump am y chwech wythnos y parhaon ni, a bonws o bump arall ar y diwedd. Gwyn ein byd! Mae *Equity* wedi gwella tipyn ar bethau, a'r ffilmiau a'r teledu hefyd wrth gwrs. Mi gafodd hogiau'r teledu dipyn o drafferth efo Martin; gwŷr camera fel magnelau o'i gwmpas yn ceisio cipio tameidiau o'i ynni fel y camai o gwmpas y stiwdio yn hyrddio cerddi Yeats a Colum at y microffonau—teigr mewn cawell. Fuasai angau ddim yn drasiedi iddo fo, dim ond *exit* o un llwyfan. Erbyn cofio, mae arna i'r teirpunt yna iddo fo o hyd; fydda i byth yn cofio, wrth gwrs, pan fydda i'n 'i weld o. Rhyw noson yn y Bailey—amser maith yn ôl. Finnau eisiau mynd â Leila am lymaid i Ryan's i gael llonydd, a dim dimai goch gen i. Cael benthyg y pres a draw â ni. Neb o'n cydnabod yn yfed yno, bar cynnes a'r gell glyd yn y gongl—lle i ddau efo bwrdd bach mahogani a goleuadau nwy yno. Peint, a gin a limys iddi hi, rownd ar ôl rownd nes i'r lle droi'n hafan. Dwi'n dechrau teimlo tipyn bach yn chwil rŵan hefyd, yr hen ffisig ddiawl yna eto. Ta waeth, mi fydda i'n ôl ar gyfer y sioe nesaf; roedd hadyn y sgript gan Paddy ddoe: *Sixpence Each Way,* fi a Myles a Colette, a'r hogan newydd yna i ddawnsio tipyn. Fiona. Am enw! Coesau hyfryd, ystwyth ganddi. Mi fydd yna ddawnsio a chwerthin yn y nefoedd, dwi'n siŵr, a llu o blant bach i wrando arna i'n adrodd straeon am y tylwyth teg, a 'nhrwyn i'n crychu a 'mochau i'n llenwi a gwagio, a'u llygadau nhwtha'n agor ac agor ac yn pefrio. Ond mi fydd yn rhaid trefnu i Paddy gael dŵad yno hefyd i sgwennu ar fy nghyfer. Dwy botel stowt yn Leeson's ac ysgwyd llaw a dyma'r fargen wedi parhau dros bymtheng mlynedd ar hugain eisoes. Mae 'ngheg a 'nghorff i fel petaen nhw wedi eu hasio i'w law a'i feddwl o, ac yntau'n fy nabod i'n well na neb bron, fel y mae o'n nabod pobl gyffredin yr hen ddinas annwyl yma. Finnau'n yfed i fyny yn Finglass a Stryd Dorset, a'r East Wall, i gadw gafael sicr ar yr hen acen drwynol, wych yna.

Dyna fi'n chwyrnu. Dewcs. Rhaid imi beidio â chysgu cyn i Martin ddŵad, imi gael hanes pawb. Mae Eithne . . . mae Eithne . . . mae Eithne wedi mynd . . . i siopio. Wel, wel, wel, cyntun bach amdani 'te.

*   *   *

'Martin,' meddai'r llais ar y ffôn, 'Séan Mac Daid sy yma. Rwyt ti wedi clywed am Andy dwi'n siŵr. Rhyw ddeuddydd mae'r meddygon yn 'i roi iddo fo rŵan. Wel, mi dwi'n trio hel pobl ar gyfer rhaglen deyrnged. Dwi wedi recordio rhywfaint yn barod. Dim ond dy rybuddio di a gobeithio y ffôni di fi pan ddaw'r newydd. Mi fydd Moira a Paddy a Leila ac ambell un arall yn cymryd rhan hefyd.'

'O'r gorau Séan, mi wna i. Y creadur, 'te. Dwi'n mynd i'w weld o heno cyn y sioe. Hwyl iti rŵan.'

*   *   *

Gorffennodd Martin ei ddiod a'r stori yr oedd ar ei chanol, cyn ffarwelio â'i gwmni a chychwyn. Yr oedd wedi cyrraedd Pont O'Connell a throi i fyny afon Liffey cyn cael siawns i hel ei feddyliau. Anaml iawn y cerddai gan fod tacsi yn fwy hwylus ac—a hyn oedd yn fwy pwysig iddo fo—yn fwy preifat. Er ei fod o wedi hen ddygymod â phawb bron yn syllu arno ple bynnag yr âi, yr oedd hi'n anodd cuddio'i deimladau ar adeg fel hyn. Yr oedd hi'n dipyn o gamp mynd i ffarwelio â hen gyfaill fel Andy, a hwythau wedi adnabod ei gilydd ers cyhyd; ers ychydig ar ôl i Martin ddwad adref o Lundain. Yntau wedi ffoi yno'n ddeunaw, mewn gwylltineb am fod y teulu am iddo fynd i weithio fel cyfrifydd yn eu swyddfa ym Mwrdd y Dociau. Cafodd help i ddengyd gan Máire. Hi brynodd y tocyn ar gyfer y cwch a'i hebrwng i'r lanfa. A dyna'r tro diwethaf iddo lwyddo gyda merch.

Ta waeth, fe gafodd hafan yn Llundain. Yno, ar ôl cyfnod o ennill ei fara a chaws mewn llaethdy Cymreig gyda'r nos a chrwydro theatrau, o un clywediad i'r llall, yn ystod y dydd, y daeth ei siawns gyntaf. Llwyddodd i gael rhan Oswald, y mab, yn *Nychweledigion Ibsen* gyda chwmni ar daith yng ngogledd Lloegr. Cynulleidfaoedd da ar y cyfan, pobl barchus i gyd, wrth eu bodd ag agwedd foesol y ddrama. Ond nid oedd wrth fodd Martin; nid Joyce mohono. Yr oedd o yn enaid mwy eangfrydig, ac fe'i denwyd yn ôl i Iwerddon gan y digwyddiadau cyffrous yno. Trodd y wlad yn llwyfan y pryd hynny a chwaraeodd Martin amryfal rannau. Erbyn i bethau setlo tipyn, fe'i cafodd ei hun yn bedair a deugain, yn unig ac yn ddi-briod. Dim ond ystafell ddarpar ar gyfer bywyd oedd ei fflat mwyach, a hyd yn oed heddiw yr oedd yn dal i goluro'i wyneb cyn mynd allan. Ond i'w gyhoedd dyna fo, fel y cerddai yn eofn ar hyd yr afon: un o gymeriadau mwyaf ffraeth a huawdl a gosgeiddig dinas lle y meithrinid y nodweddion hynny. Gŵr ar binacl ei broffesiwn. Meistr crefft. Un na fedrai symud heb greu ceinder—Martin Mac Donagh, actor, cynhyrchydd, awdur.

Cerddai'n awr heibio i'r fan lle y breuddwydiodd Lutyens am godi oriel ar draws yr afon ar ffurf un o bontydd cain Fenis, ond nid oedd ond ceir a lorïau i'w gweld yma heddiw. Heb fod ymhell i ffwrdd yr oedd yr hen stordy y ceisiodd yntau ei brynu er mwyn sefydlu theatr un tro, un Wyddeleg ei hiaith. O'r ffoliineb hoffus! Nid oedd yr hen Fartin wedi diosg unrhyw un o'i freuddwydion; yr oedd yn gas ganddo fethiant—a ffarwelio.

Fodd bynnag, nid breuddwydio yr oedd o rŵan ond cofio, chwilota'i gof am bob achlysur a'i cydiai â bywyd Andy, eu canfod a'u trysori. Yr hen berfformiad tila hwnnw o'r *Tempest*; y parti ar ôl y pantomeim cyntaf, a welodd godiad yr haul; priodas Andy ac Eithne, a'r dyddiau blin ar ôl y trychineb. Byddai'n rhaid actio'n wych heno yn yr ysbyty: 'Edrach ymlaen at dy weld yn y sioe newydd y bu Paddy'n sôn wrtha i amdani'; gwamalu am y ddyled honno o dair punt, yn y Bailey erstalwm, iddo gael mynd â Leila am dro, ychydig cyn iddo ddechrau canlyn Eithne. Haws cuddio dagrau na'u creu. O, am allu gofyn maddeuant am sawl nam, ond dyna fo. Ni ellid hepgor confensiwn rhyngddyn nhw o bawb. Dyna fragdy Guinness ar y chwith, lle y distyllir yr hen Liffey ar ein cyfer. Fuo ganddo fo, Martin, erioed fawr i'w ddweud wrth y stwff, ond mi fu'n fwyd a diod i Andy am gyfnod hir, yn enwedig cyn iddo briodi. Fe âi i ochr ogleddol y ddinas ac i lawr y dociau, medda fo, i astudio'r bobl ac i berffeithio'i acen. Chafwyd fawr o'i gwmni o yn Jammet's, ond felly y mae hi; gobeithio y bydd yna westai gwâr a thafarndai gwerinol yn y nef! Rhaid iddo frysio neu châi o fawr o sgwrs efo Andy heno.

Dyma'r ysbyty, wedi ei chodi yn y ddeunawfed ganrif gan gyfeilles i'r hen Ddeon oriog. I mewn â Martin. 'Ward Sant Luc, os gwelwch yn dda?'

'I lawr fan yna, yr ail ddrws ar y chwith ac ar hyd y coridor, Mr Mac Donagh.'

'Diolch yn fawr.'

Cyrhaeddodd y ward fach breifat fel y tynnai'r nyrs y llenni yngháu o gwmpas y gwely.

## MENTRO ALLAN

Yr oedd yna dri drych ar fwrdd gwisgo Elin a rhyngddyn nhw fe fedrai hi gadw golwg ar y stryd tra oedd hi'n gwisgo amdani. Doedd ymbincio erioed wedi bod yn beth naturiol iddi hi, mwy nag i lawer hen athrawes arall o'i chenhedlaeth, ond yr oedd yn rhaid wrth rywfaint y bore yma. Feiddiai hi ddim mynd i'w hoedfa gyntaf ar ôl y cynhebrwng heb rywfaint o bowdwr ar ei hwyneb. Heddiw fe fyddai pob llygad yn y capel arni a phawb yn syllu i'r eithaf pan fyddai blaenor y mis yn sôn am ei phrofedigaeth. Nid moddion gras fyddai'r oedfa y bore 'ma ond perfformiad. Os oedd gras i fod, ar ôl iddi ailgartrefu yn nheulu'r capel y dôi hwnnw. Bu'r capel yn deulu iddi ar un ystyr oddi ar iddi ddod yn ôl o'r coleg hyfforddi.

Dyma Mrs Rowlands yn dŵad. Mae'n rhaid ei bod hi'n ddeng munud i rŵan, er nad ydi cloch yr eglwys wedi dechrau canu eto. Pan fyddai Mrs Rowlands yn mynd heibio y byddwn i'n gweiddi ar Tada, iddo fo frysio. Y creadur yn bustachu i dynnu ei esgidiau mawr am ei draed efo'r llabed bach yna ar y tu ôl, a'r cnawd yn eilio dros ei goler a gwregys ei drwsus wrth iddo fo blygu. Mi fyddwn innau wedi gorffen plicio'r tatws a'r moron, a rhoi'r cig yn y tun yn barod erbyn y down i'n ôl o'r capel. Yr oedd popeth yn mynd i ddŵad o'r newydd rŵan. Roedd y we gyfrin a dyfodd rhyngom drwy'r blynyddoedd wedi ei rhwygo'n ddwy, a'r darn a adawyd ar ôl yn gignoeth ac yn anghyflawn. Dim ond dwy flynedd er imi ymddeol: rhoi'r gorau am byth i farcio a rheoli plant; cael segura tipyn a mynd â Tada am dro i ambell fan y bu hi'n fwriad gennym ers tro i'w weld. Doedd gen i erioed ddiddordeb fel fy mam mewn Cymdeithasau Chwiorydd. Mi fedrwn i fod wedi cael modrwy un tro gan yr Ifans teiliwr yna fydd yn cyhoeddi'r bore yma, ond imi weld ffordd dyletswydd yn glir o'm blaen. Dyna fydd un o'r pethau y bydd y merched i gyd yn ei drafod ar ôl y capel. Pob un ohonyn nhw bron yn adnabod ei gilydd ers hydion, ac eto'n mynnu galw *Mrs* ar ei gilydd: Mrs Hyn a Mrs Llall, nes i'r sisial droi'n sŵn fel gwenyn yn heidio, a'r pennau'n troi a throsi wrth iddyn nhw ddal ati. Mi fydda i wedi eu gadael nhw ac yn cerdded yn eofn ar hyd y stryd yn ôl i'r tŷ.

Pa het ro i, tybed? Dim un goch fel mae hon'na'n mentro gwneud. Lle mae'r ferch hynaf ganddi hi'r bore yma? Wedi bod yn caru'n hwyr neithiwr. Dyma hi'n dŵad. Pam na wneith hi wisgo het, yr hen hulpan iddi? Mi ddaw Mr Hughes, yntau, mewn eiliad ar eu holau nhw, wedi iddo barcio'r car drud yna sy ganddyn nhw.

Mi wneith yr un lwyd y tro. Does dim raid imi fod mewn du bob mymryn. Humphreys Llandinod sy'n pregethu; un go lew, os dwi'n cofio'n iawn. Fedrwn i ddim dioddef mynd yn ôl a'r gweinidog yno neu mi fyddai yna ormod o ffwdan, a'r cymun a phopeth. Mrs Roberts Siop y Gongl. Gwell imi ei symud hi. Yrrodd hi ddim blodau, hon'na. Un felly fuo hi erioed, a ninnau wedi prynu cymaint yno. O! Dyna'r pìn wedi mynd i 'mys i, dratia hi! Mi ddylwn i fod wedi llnau fy ewinedd hefyd. Fel y byddwn i ar nos Sadwrn, yn torri ewinedd ei draed o weithiau, ar ôl dŵad yn ôl o'r llyfrgell a chael swper. Fynta wedi bod yn y Clwb Pensiynwyr. Eistedd o boptu'r tân a chael paned bach arall a sgwrs cyn iddo fo fynd i weindio'r clociau, tra byddwn i'n llnau ei esgidiau gorau fo ac yn estyn crys a choler lân ar gyfer y bore. Brecwast yn ei wely fore Sul: platiad o fara menyn ar yr hambwrdd glas a thamaid o gaws ar ochr y plât. Mi fyddwn i eisiau ei anwesu o o hyd, y creadur; rhoi dwylo tyner ar y crychau yn ei groen lledraidd o, a llyfnhau ei wallt. Ond mi drown fy ynni'n hytrach at domennu'r gobenyddion y tu ôl i'w gefn. Feddyliodd Tada erioed iddo fo fy nghadw'n gaeth. Rŵan mae hi'n galed. Dim teulu na ffrindiau agos. Neb i ddŵad yma'r Dolig nac i gofio fy mhen blwydd; neb i fynd i siopio efo fi; neb yn gefn imi. Er mor hen oedd Tada yr oedd o'n medru cadw trefn ar yr hogyn bara hy yna sy wedi dŵad i weithio i Siop Harris. Dydi o ddim yn curo 'mond unwaith, ac yna'n ei gloywi hi am drws nesaf os na fydda i'n ddigon siarp wrth ateb. Dyna'r hen Brydderch yn mynd; mi reda i ar ei ôl o imi gael cerdded i mewn efo fo. Mae o'n gwybod be ydi o, a fynta wedi colli ei wraig ddwy flynedd yn ôl.

Caeodd y drws ar y tŷ gwag a brasgamodd ar ôl Mr Prydderch.

'Miss James annwyl! Mae'n dda gen i'ch gweld chi'n mentro allan i'r capel o'r diwedd. Mi fydd yn siŵr o fod yn gymorth mawr ichi, gewch chi weld. Mi wn i be ydi o i wynebu pobl ar achlysur fel hyn. Mi anghofiwch chi bopeth am ych chwithdod wrth ichi deimlo'u gofal a'u cydymdeimlad nhw'n ych cynnal chi, fel y bydd llais yn cael 'i gario mewn côr. Mor hoff oedd ych tad o'r capel.'

'Faint sy rŵan er pan golloch chi'ch gwraig, Mr Prydderch?'

'O, dwy flynedd i'r mis nesaf.'

'Ia'n wir. Ro'n i'n meddwl 'mod i'n 'i chofio hi'n eira adeg y cynhebrwng. 'Dach chi wedi dŵad drosti'n dda iawn hefyd, yn 'tydach.'

'Wel, mae dyn yn cael rhyw nerth rhyfedd wyddoch chi, Miss James.'

'Er mae'n siŵr ych bod chi'n eithaf unig ar adegau o hyd, Mr Prydderch?'

'O'n sicr ddigon. Unigrwydd ydi'n gelyn penna ni. Ond fel'na mae hi, yntê? Gewch chi weld fod amser yn lliniaru pob briw.'

'Wn i ddim am hynny. Ond mae yna gymaint yn y byd yma heb orfod dioddef o gwbl, yn 'toes?'

'Dyma ni. I mewn â chi rŵan, a pheidiwch â bod ofn neb.'

'Diolch, Mr Prydderch.'

Ar ôl i Mr Prydderch ei thywys i'w sedd ac agor y drws iddi, dychwelodd pryder Elin. Yr oedd gwrid i'w deimlo ar ei holl gorff, a thalp o ofid am ei thagu. Teimlai bob llygad arni a daliodd ei gwynt am rai eiliadau y tu ôl i'w hystum gweddi cyn agor ei llyfr emynau a gorffwys yn ôl yn ei sedd. Yn ôl atsain yr organ yr oedd cynulleidfa gref y bore 'ma. Y peth cyntaf a welodd oedd y pulpud mawr, canolog a'i bren pîn yn sgleinio; yna crwydrodd ei llygaid i fyny pibau'r organ hyd at y to, yn addurniadau fel teisen briodas. Edrychodd tuag at y sŵn o ddrws y festri, ond nid oedd y blaenoriaid yn dod. Bu raid iddi esgus gwenu ar Bob y Saer gan i'w golygon gyfarfod.

Reit hawdd iddo fo wenu: be ŵyr o am golli? Roeddyn nhw'n dweud iddo fo gael cythraul o amser da i ffwrdd yna yn ystod y rhyfel. Neb yn gwybod ei hanes o'n iawn. Mae o wedi gyrru'r wraig yna sy ganddo fo allan i weithio ers hynny, er mwyn medru cadw'r hen gar swnllyd yna, a mynd i'r pictiwrs bob munud, ac maen nhw ym mhob drama a gyrfa chwist yn yr ardal yma.

Dew, mae golwg wael ar Ifans teiliwr. Wedi teneuo'n arw. Pwy ydi hwn'na y tu ôl iddo fo? O'r doctor wedi cael amser i ddŵad i'r capel. Mae'n rhaid ei fod o'n ffrindiau efo'r pregethwr. Maen nhw'n dŵad i mewn efo'i gilydd beth bynnag. Dyma ni 'te:

'Gawn ni gychwyn y bore yma drwy ganu'r emyn . . .' Rhywun yn dŵad i mewn yn hwyr, ond cha i ddim sbio heddiw. Ddylwn i eistedd, neu ymddwyn yn normal tybed? Na, mae'n well imi drio bod yn ddewr. Mae 'nghoesau i'n crynu efo'r organ. Nefoedd, dyma fi. Mi ganaf i, Duw. Waeth imi hynny ddim.

Diolch i'r drefn, fe aeth gweddill y gwasanaeth rhagddo'n ddifwlch bron. Ambell ennyd o ddistawrwydd i'r cloc gael ei hatgoffa o'i bresenoldeb, ond ar y cyfan fe lwyddodd personoliaeth y pregethwr, ei lais swynol a'i wallt hardd, i ddenu Elin o'i phoen. Gallodd syllu arno heb deimlo trem eraill arni hi, ac fe gollodd bob ymdeimlad o gyffyrddiad ei dillad ar ei chorff.

Wedi iddo orffen pregethu a dechrau ledio'r emyn y cafodd hi fraw o gofio mai rŵan, ar ôl yr emyn yma, y byddai Ifans yn ei chroesawu hi'n ôl i'w plith. Erbyn hyn yr oedd hi ar ei thraed yn barod i ganu, gwaetha'r modd. Ar fin eistedd eto, gan mor wan y teimlai ei choesau, gwelodd Meri Jên, Lôn Felin, yn syllu arni. Byddai honno'n siŵr o feddwl—a dweud—mai sioe oedd yr eistedd, ffordd o dynnu sylw ati ei hun. Gwell iddi ddal ati, ond yr oedd ei llais wedi crygu yn ei gwddf. Yr oedd y gwrid yn dod yn ôl yn don ar ôl ton wrth i Ifans ddechrau. Soniodd am y bregeth, am y seiat oedd i fod nos Iau, ac am bregethwr y Sul nesaf. Wedyn dyma ysbaid arteithiol cyn iddo ddechrau arni hi:

'Rydan ni'n falch iawn o weld yn ein plith unwaith eto un o'n haelodau sy wedi bod dan gystudd trwm, ac yn dal felly'n wir. Un o'n haelodau ffyddlonaf yn siŵr ichi. Cyfeirio'r ydw i, fel y gwyddoch chi i gyd, at Miss Elin James, Stryd y Capel. Mawr yw'n gobaith fod yr oedfa hon wedi bod yn foddion nerth iddi, i'w galluogi i wynebu ei phoenau yn eofn yn y sicrwydd fod cymorth i'w gael mewn cyfyngder. Mae'n calonnau'n mynd allan ati y bore hwn. 'Dan ni i gyd yn cofio'i thad annwyl a fu'n aelod mor selog o'r eglwys hon am dros ddeugain mlynedd. Bu ei ofal yn dyner drosto ar hyd y daith, ac mae'n siŵr fod hynny'n gysur iddi yn yr awr dywyll hon. Gobeithio y cawn ni'ch gweld yn ôl yn rheolaidd yn ein plith rŵan, Miss James. Derbyniwch ein cydymdeimlad dwys.'

Chwarae teg iddo fo. Un teimladwy fuo fo 'rioed. Mi fuasai wedi gwneud gŵr a thad da tasa fo wedi cael gwraig deilwng. Tybed oedd o'n myfyrio'r bore yma, yn ystod yr oedfa, sut fyd fasen ni wedi'i gael taswn i wedi meddwl mwy amdanaf fi fy hun? Deng mlynedd ar hugain yn ôl, a fynta'n ddiwyd yn crefu arnaf i i'w briodi o. Ond dyna fo. Mae hon'na sy ganddo fo rêl y Mrs Davies yna sy'n edrych mor falch o'i hogan fwyaf yn dweud ei hadnod. Mi fasech chi'n meddwl mai hi sgwennodd yr adnodau iddi. Rhyw estyniad ohoni hi ydi'r plant yna i gyd iddi, a Davies druan yn ddim ond rhyw bric pwdin iddyn nhw i gyd. Wel, dyna hyn'na ar ben, am byth hefyd.

Yn ystod yr emyn olaf yr oedd ambell un yn pendroni p'run ai mynd at Miss James i ysgwyd ei llaw a chydymdeimlo â hi neu ynteu ei hosgoi. Yr oedd ei sylw'n barod gan ambell un, a rhai eraill yn ansicr, o gofio anghydfod rhyngddyn nhw a hi yn y gorffennol. Torrodd Elin eu dadl drwy gerdded allan yn ddisymwth tra oeddyn nhw'n dal i ganu, a'i gwar wedi'i grymu, a'i chorff wedi'i dynnu at ei gilydd i gyd. Aeth y canu'n dawel, ac nid oedd i'w glywed wrth iddi gerdded ar hyd y stryd. Caeodd y drws â chlep a atseiniodd drwy'r tŷ.

Roedd newid wedi dod ar ei bywyd ym mhob ffordd erbyn hyn, a hithau'n teimlo'n hollol ddiffrwyth. Sut y medrai hi feddwl am fwyta na chyweirio gwely na dim arall? Rhoes y radio ymlaen, taniodd sigarét a suddodd i'w chadair freichiau.

Efallai y galwith rhywun o'r capel. Ifans, efallai, neu'r doctor hyd yn oed. Ond yr un fydd hi wedyn yn union. Fi fy hun i wneud bwyd iddi. Neb i wrando manion y dydd cyn mynd i'r gwely, wrth rannu sgwrs dros baned. Dim chwyrnu hyd yn oed i dorri ar ddistawrwydd anghynnes y nos. Pwy fasa'n meddwl y baswn i mor feddal â chrio fel hyn, a methu dal yn y capel? Wel, mae'n well imi godi o hyn, rhag ofn i rywun fy ngweld i yn y stad yma.

Aeth Elin i fyny i'r ystafell ymolchi ac yna at ei bwrdd gwisgo i roi mymryn o bowdwr i guddio'r ôl dagrau ar ei hwyneb. Yna aeth yn ôl a sefyll y tu allan i ddrws y llofft arall.

Be wna i â'i ddillad o, tybed? Mi wn i os agora i'r drws yma y gwela

10

i ei esgidiau gorau fo'n segur o dan ei fwrdd gwisgo, a haen o lwch arnyn nhw. Ac mae'r gwely wedi ei gyweirio a'r cynfasau yn dal arno fo. Dyna sŵn llais. O! Plant drws nesaf wedi dŵad allan ac yn cadw reiat. Gwell imi fynd i lawr. Dyna'r llun *Ruth a Naomi* yna'n hongian ar y wal wrth ben y grisiau. Dwi ddim wedi sylwi ar hwn'na erstalwm. Rydyn ni ferched fel tasan ni wedi ein gwneud i boen. Mi fydd hi'n od peidio â mynd i'r ysgol Sul a finnau wedi bod yn yr oedfa y bore 'ma. Ond mae'n well imi beidio â gwneud gormod.

Aeth drwodd i'r gegin; roedd y lle'n edrych yn oeraidd a dim ôl byw arno ar wahân i un gwpan a soser wedi eu golchi a'u gadael i ddiferu. Agorodd Elin y drws cefn a gwrando ar drydar yr adar yn yr ardd. Byddai'r gwair a'r chwyn yn ei throi'n anialwch cyn bo hir, a neb i'w ladd nhw iddi. Dychwelodd i'r tŷ a sychu'r gwpan a soser a'u gosod ar yr hambwrdd. Hen un ei nain, ac o bren da. Byddai'n rhaid prynu lliain bach newydd i'w roi arno, a'i gwyro'n rheolaidd—bob nos Sadwrn efallai. Hwn fyddai ei bwrdd bwyta mwyach. Torrodd frechdanau a chaws ac yna aeth yn ôl i'r ystafell fyw ac eistedd wrth ochr y tân. Yr oedd y bara'n briwsioni rhwng ei bysedd wrth iddi syllu ar y gadair wag gyferbyn.

## PERFFORMIAD Y PNAWN

Mi fedra i 'i weld o rŵan: Le Menestrel ar amser cinio dydd Sul. Fo a'r criw yn trafod bloc-nodiadau Mauriac yn *L'Express* a chael hwyl efo'r *Canard Enchainé*, trafod pob newid yn y farchnad garu a'r helynt ynghylch yr arteithio yn Algeria. Paté Llydewig, ella, a pilaff, cig llo, gwin coch a chaws; a chognac wrth ei bod hi'n ddydd Sul. Llawn hwyl a sbri. Wedyn mi ân nhw yn eu pwysau dros y bont, y tu ôl i Notre Dame ac i lawr Cei'r Hôtel de Ville i weld y twristiaid yn prynu llyfrau—merched Americanaidd, deunydd Gertrude Stein neu Sylvia Beach yn un ohonyn nhw ella. Wedyn mi eith y rhan fwya i fyny i'r Pigalle ac eistedd, heb allu gweld erchylltra'r Sacré-Coeur, i weld y byd yn mynd heibio, pob iaith a lliw a phryd a gwedd. Ella'r eisteddan nhw yn y caffe hwnnw sy gyferbyn â thŷ bach y dynion a chael sbort wrth edrych ar y cwt hir yn disgwyl mewn rhes y tu allan. Gwyn eu byd! Heno mi ân nhw i lawr i'r clybiau a dawnsio, ac yna yfory mi fyddan nhw'n ôl yn eu colegau, eu theatrau ymarfer, eu hastudfeydd a'u llyfrgelloedd. Fory mi gân nhw boeni am eu cariadon a sut i dalu eu dyledion. Gyda'r nos wedyn yn eu fflatiau'n ceisio darllen pob cylchgrawn a ddaw o'r wasg a *Le Monde* ac ambell lyfr, a phob un yn rhoi pìn ar bapur neu frws ar gynfas neu law ar glai—hyd yn oed yr actorion yn eu plith. Ydyn nhw'n cofio amdana i, tybed? Ydw i'n dal ym Mhantheon eu harwyr? Fi yn rhan Phèdre, gyda de Veque yn cyfarwyddo.

Ddaw hwn y pnawn yma, tybed? Mi ddylai o eu gadael nhw wrth Gei'r Hôtel de Ville ac yna ddal ar hyd yr afon, fel y dywedais i wrtho fo, heibio i'r Musée d'Homme, ymlaen nes troi i fyny wrth ymyl yr anghenfil yna gododd yr R.T.F.—a rhoi ei fysedd drwy'i wallt cyn curo ar y drws lawr grisiau. Ugain munud wedi un; erbyn hanner awr wedi dau ddywedais i. Well imi ddechrau ymwisgo. Tybed fydd gen i ddigon o hyder i allu ei dwyllo fo?

Dyna'r pobydd ar draws y stryd yn mynd i'w wely efo'i wraig newydd, ac mae'r llenni ar gau yn fflat yr efrydydd sy odanyn nhw hefyd. Wel fel'na y byddai hi pan ddôi Jean-Louis yma: y llenni ar gau, bob pnawn Sul ar ôl cinio—yn y Mouton Blanc pryd hynny. Tynnu'r llenni ac eistedd wrth y tân â'm cefn yn erbyn y soffa. Fynta'n darllen ei gerddi imi yng ngolau'r tân â'i ben yn gorffwys ar fy arffed. Weithiau mi anghofiwn i am y cerddi a theimlo 'nghluniau'n crynu wrth imi syllu ar y gwallt ysgafn o gwmpas ei glustiau a theimlo'i wegil o'n pwyso arnaf. Ond dal ymlaen i ddarllen a wnâi o gan ddal y tudalennau yn ei ddwylo main, neu godi i roi ambell record hwyliog ymlaen a dawnsio. Recordiau Seisnig ac Americanaidd oedd ein hoffbeth yn nechrau'r tri-degau: *'You're the cream in my coffee'*, dwi'n cofio, a *'There ought to be a Moonlight-saving-time'*. A chofio mai bardd oedd o, ychydig iawn oedd ganddo o ddiddordeb mewn miwsig difrifol. Roedd o fel tasa arno fo ofn bod yn drist; fedrai o ddim dioddef gweld efryddion, na gwaed na phoen o unrhyw fath, ac mi oedd pechod—fel y galwem ni bob gwyrdroad oddi wrth ein safonau ni—yn gwneud iddo deimlo'r gewynnau'n tynhau yng nghrombil ei fol. Mi geisiais i ei feddwi o ambell dro i weld fedrwn i ei swyno'n haws, ond doedd dim yn tycio. Cusan fach wrth gyrraedd ac wrth ffarwelio, dal llaw wrth gerdded yng ngerddi'r Luxembourg ac ar hyd yr afon—dyna'r cwbl. Weithiau, yn y bore cynnar, mi ddôi â'i wynt yn ei ddwrn, i ddangos cerdd y bu'n chwysu drosti drwy'r nos, a minnau ddim ond newydd fynd i gysgu ar ôl dŵad adre o'r theatr. I mewn i'm hystafell wely ac eistedd ar yr erchwyn i'w darllen, ond fyddai o byth yn sylwi wedyn ar fy nghoban foethus na'm gwallt wedi ei ollwng yn gudynnau llaes—dim ond gofyn am goffi a mynd i gysgu ar y soffa am ychydig.

Fo gollodd imi'r siawns i briodi Gerard. Hwnnw'n galw bob pnawn bron ar ôl ymarfer, yn gweiddi o'r stryd, a'm chwant yn agor y drws iddo weithiau. Ymgolli am y pnawn a cheisio priodoli aelodau a chelfyddyd caru Gerard i Jean-Louis, druan ohonof. Rhyw fath o eunuch yn y byd emosiynol oedd Jean-Louis. Nid fel rhyw sant Lladinaidd—wedi dyrchafu ei nwydau a'u corffori yn ei gariad ysbrydol—o na, doedd yna ddim lle i'r cnawd ym mywyd Jean-Louis. Roedd ei gerddi'n gallu bod mor synhwyrus eu hapêl, a'r rhythmau a'r geiriau unigol yn gallu bod yn iasol, ond rhywsut roedd o'n gallu gwneud hyn hyd yn oed yn oer a rhesymol. Felly roedd o hefo bwyd, a dweud y gwir. Mi fuasai'n gallu byw ar salami, bara a chaws a choffi. Ydi Garcin yn gwybod hyn i gyd, sgwn i?

Mi hoffais i'r gyfrol fechan yna o gerddi ganddo, a'i lyfr ar Rimbaud. Wn i ddim ai fo ydi'r gorau i sgwennu cofiant i Jean-Louis chwaith, ond mae'n dda bod rhywun wrthi, mae'n debyg. Lwc imi weld ei lythyr o yn y *Figaro Littéraire,* a diolch ei fod o wedi gyrru i bob papur gan nad ydyn nhw ddim yn darllen yr hen *Figaro,* y genhedlaeth yma. Sut un ydi o i edrych arno, tybed? Mi geith o dipyn o hanes gen i. Roedd o wrth ei fodd pan ffôniais i. Sut ddarlun sy ganddo ohona i yn ei feddwl? Hen actores a fu'n gyfeilles i'r bardd un tro, am gyfnod byr; un na chafodd unrhyw gerdd na llyfr wedi ei gyflwyno iddi. Wel, mi geith yr hen Jean-Louis dalu heddiw am wadu hapusrwydd imi. Mi godith wrid ar ei fwgan o os clywith o fi'n traethu wrth ei gofiannydd ifanc y pnawn yma: 'nosweithiau nwydwyllt'; 'welsoch chi'r llun yma o'r mab? Mae o'n swyddog yn y fyddin yn Algeria. 'Dach chi'n ei weld o'n debyg i rywun?' a winc bach slei ar Monsieur Garcin. Mi fydd yna berfformiad bythgofiadwy am hanner awr wedi dau.

Erbyn hyn yr oedd hi wedi rhoi sgert ddu laes amdani, un wedi ei thynnu at ei gilydd o gwmpas y penliniau, ac yn persawru ei cheseiliau cyn gwisgo ei blows wen, yr un â chrychau'n rhedeg i lawr y tu blaen. Am ei garddwrn dde rhoddodd freichled owmal a thrydedd fodrwy ar ei llaw chwith. Trodd oddi wrth y drych gwisgo hir a safai yng nghongl ei hystafell wely ac aeth at ei bwrdd gwisgo i goluro'i hun ac i wneud ei gwallt. Dim ond powdwr ar ei hwyneb hardd, wyneb a dystiai i'w gwaed Eidalaidd: llygaid mawr tywyll, agos at ei gilydd ac yn troi at i lawr o boptu i'w thrwyn main, tal. Yr oedd ei bochau'n uchel a chodai ei gwefl uchaf bron at waelod ei ffroenau. Adlais o liw'r olewydd a welid yn ei chroen ac fe fu ganddi wallt du i gyfateb flynyddoedd yn ôl. Roedd hwnnw wedi britho ers amser rŵan, ond yr oedd ei ffurf yn dal mor gain â phan ddôi Jean-Louis i gael moethau i'w ymennydd ganddi dro'n ôl. Cribodd ei gwallt yn ôl a'i glymu mewn *chignon,* a rhoi rhuban

14

melfed du o'i gwmpas. Gwthiodd fachau'r clustdlysau hir drwy ei chlustiau a chododd gan lyfnhau'i gwisg dros ei hystlysau. Yr oedd hi'n bum munud ar hugain wedi dau. Eisteddodd ger y ffenestr i wylio'r lôn gul y dôi Garcin ar hyd-ddi cyn bo hir, yn ôl ei air. Fe ddaeth, a'i gerddediad yn tystio i'w ginio hael. Creadur tal, main ydoedd, a gwallt gwinau hir ganddo. Yr oedd ei siaced felfaréd ddu yn gwta a'i ysgwyddau yn ei tholcio. Arhosodd Simone rai munudau cyn mynd i ateb y curo ar y drws, yna aeth i lawr y grisiau gan aros ennyd ar yr un uchaf, â'i llaw ar y canllaw a'i phen yn uchel, wrth iddi eiriol ar ei duwiau. Sylwodd Garcin arni i gyd wrth iddo ymgrymu'n isel a chyflwyno'i hun. Yr oedd ganddi lygaid bywiog a lenwai ei hwyneb gwelw ac yr oedd ei dwylo'n dal yn firain. Daeth i mewn i'w hystafell fyw ac eisteddodd ar y soffa a derbyn gwydraid o win coch ganddi. Crwydrai ei lygaid ar hyd yr ystafell gan sylwi, fe dybiai hi, ar yr holl luniau ohoni hi, ac ar y darluniau a gyflwynwyd iddi o dro i dro gan ambell arlunydd lled-lwyddiannus ar y pryd.

'Sut mae'ch cyfrol o gerddi'n gwerthu, Monsieur Garcin? Mi hoffais i lawer ohonynt yn fawr.'

'Rydych chi'n rhy garedig. Gweddol ydi'r gwerthiant, madam, ond be sy i'w ddisgwyl 'te? Pa rai oeddech chi'n eu hoffi fwyaf?'

'O, y rhai mwya personol, y rhai mwya unig. Rhai felly sy'n apelio ataf i bob amser.'

'Cerddi cynnar Monsieur Guillerme sy fwya wrth ych bodd chi felly, madam?'

'Ie. Yr adeg hynny y dois i i nabod Jean-Louis gynta. Roedd o'n byw ger gorsaf fetro'r Porte d'Auteuil, ac yn mentro dŵad i fyny yma! Roedd y lle yma'n ffasiynol bryd hynny! Sut le sy gynnoch chi?'

'O, mae 'nghartre i'n agos i Baris, Rozay-en-Brie. Ond mi fydda i'n cysgu llawer yn fflatiau fy nghyfeillion.'

'Gwin eto?'

'Diolch. Hwyl! 'Dach chi ddim am win, madam?'

'Wel, ie, o'r gorau. Fyddwch chi'n mynd i'r theatr yn aml?'

'Na, a dweud y gwir. Mae'n criw ni'n rhy hoff o siarad, ac mi rydyn ni wedi dechrau cynnal nosweithiau darllen barddoniaeth yn un o'r clybiau-seler. Rhaid ichi ddod yno ryw dro.'

'Wel ia, mi hoffwn i'n fawr. Wnewch chi ddim darllen un o'ch cerddi imi, Monsieur Garcin? Mae'r gyfrol gen i yn fan'cw.'

'Dewcs, na madam. A wnewch chi ddim fy ngalw i'n Paul os gwelwch chi'n dda?'

'Gwnaf, os gwnewch chi ddarllen cerdd imi.'

'Wel, o'r gorau 'te. Unrhyw un yn arbennig?'

'Beth am "Cwmwl"?'

Eisteddodd Paul yng nghongl y soffa a dal y gyfrol yn uchel gan geisio osgoi'r haul ar ei wyneb. Aeth Simone at y llenni a'u cau a goleuodd y llusern fawr drydan y tu ôl i'r soffa. Cydsyniodd ef fod hyn yn well a dechreuodd ddarllen ei gerdd gan annerch y tân. Daliodd hi ei gwydr yn llonydd nes iddo orffen rhan gyntaf y gerdd, yna dechreuodd sipian eto, rhwng penillion y rhannau maith a oedd yn dilyn. Yr oedd ganddo wallt wedi crychu'n gudynnau bach o gwmpas ei glust, ac yr oedd ei ffroenau'n ymagor a chrynhoi wrth iddo geisio ail-fyw ei greadigaeth. Ar ôl iddo orffen rhoes ei law ar draws ei lygaid a chroesodd ei goesau.

'Diolch yn fawr. Mae hi'n gerdd hynod, Paul.'

'Roeddych chi'n actores enwog iawn yn eich dydd, 'toeddych madam?'

Cododd Simone o'i chadair a mynd at y ffenestr am rai munudau, yna daeth yn ôl ac eistedd ar y soffa wrth ochr Paul.

'Ydych chi'n cael hwyl ar y cofiant?'

'Wel ydw, am wn i. Mi fûm yn y Llyfrgell Genedlaethol yn hel peth defnydd, ac wrthi am ddiwrnod cyfan yn ateb llythyrau a ddaeth mewn ateb i'r nodyn o'm bwriad yn y wasg. Mi roeddwn i'n falch iawn pan ddaeth eich galwad ffôn chi. Fe fuoch chi a Guillerme yn gyfeillion agos yn ôl pob sôn. Fuo fo'n siarad llawer am ei gerddi wrthoch chi?'

'Na, doedd o ddim yn siarad rhyw lawer yma, wyddoch chi. Eistedd lle 'dach chi rŵan, neu ar lawr â'i gefn at y soffa a minnau wrth ei ochr o, felly y byddai hi, y rhan fwya o'r dydd a'r nos yma.'

'O'n wir.'

Daeth rhyw sioncrwydd i wyneb Paul wrth iddi siarad. Nid un o'r criw oedd o, a dweud y gwir. Fe welsai hi'r anniddigrwydd yna o'r blaen, a gŵr ar wahân i'r criw oedd hwnnw. Er i Jean-Louis hoffi cwmni pobl fywiog ac ambell noson o yfetach, eto rhyw greadur ar

16

wahân oedd o. Yr oedd o fel petai ganddo weledigaeth bendant o'i dynged, ac er ei fod yn rhy wylaidd i sôn amdani wrth neb, fe weithredai yn ôl ei gofynion ar bob achlysur. Rhoddai hyn ryw elfen o ddirgelwch i'w gymeriad ac o'r herwydd fe ymddieithrai i raddau oddi wrth ei gyfeillion. Dim ond wrthi hi—tybed?—y soniodd o am ei obeithion ffôl: crisialu geiriau i ryw symlrwydd o fynegiant a dorrai drwy bob rhagfur rhwng dynion. Rhoes ei fywyd i geisio'r perffeithrwydd hwn a dim rhyfedd iddo ddiweddu mewn trasiedi, fel y gwnâi bywyd Paul efallai.

Rhoddodd ei llaw ar ei fraich ac edrychodd arno'n hir, a'i threm yn mynd yn fwy tyner bob eiliad. Yna dechreuodd siarad, yn fywiog, yn atgofus, gan ddisgrifio Jean-Louis yn berffaith, a chan ail-greu goslef ei gymeriad yn ei berthynas â hi—y berthynas unigryw honno. Cododd sawl tro gan gerdded ar hyd yr ystafell i ryddhau ei chorff wrth iddi ddisgrifio pethau a digwyddiadau ag ystumiau ei breichiau a'i dwylo. Yr oedd Paul mewn llesmair. O, pe gallai gipio hyn i gyd i'w lyfr! Byddai'n rhaid gofyn llawer iddi eto, dod yma ar ambell bnawn Sul, a gadael i'w hatgofion hi liwio a bywhau esgyrn sychion y ffeithiau a gafodd o gan eraill ac o lyfrau. Arhosodd i swper a bu'r ddau'n eistedd ar y carped o flaen y tân, gan sgwrsio am Jean-Louis a cherddi Paul hyd yr hwyr.

Yr oedd blas gwin ar ôl ei wefusau ar gefn ei llaw, a dagrau'n drysu ei golwg wrth iddi ei wylio'n diflannu i lawr y lôn fach gul.

## GWYLNOS

Roedd gwylio'r pendil glaw ar ffenestr yrru'r bws bron â'i lesmeirio. Dewisodd y sedd flaen, yn union y tu ôl i'r gyrrwr, er mwyn cael bod ar ei ben ei hun. Roedd y strydoedd heno yn llawn goleuadau bach yn tarfu ar y tywyllwch, a'r glaw yn eu chwalu a'u hasio'n aflêr, cyn i'r pendil eu dadlennu eto. Dim ond mewn pryd y sylweddolodd o ei fod wedi cyrraedd y Castell. Rhuthrodd ar hyd y bws a neidio i'r palmant prysur. Safodd am ennyd, ac yna dychwelodd ychydig o'r ffordd ar hyd Heol y Frenhines ac i mewn i'r Cwm Taf. Doedd y lle ddim hanner mor llawn ag y disgwyliai, o gofio nad oedd ond tridiau o siopio tan y Nadolig. Heno y dylai o fod wedi mynd adref am y gwyliau; cychwyn am Bont-y-pŵl, newid yno a newid wedyn yn Amwythig. Medrodd osgoi hynny o ddiflastod beth bynnag.

'Beth ti am, cariad?'

'Hanner o'r *Rhymni*, os ca i.'

'Dau funud.'

Mae yna ryw fantais o ddŵad i le yn aml. Cyfartaledd yr oedran dipyn yn uwch nag arfer heno. Fydden ni ddim yn sylwi llawer ar y bobl yma yn y cadeiriau o amgylch y muriau ac wrth y tân bach yna fel arfer, a ninnau'n griw stwrllyd a hunanhyderus wrth y bar. Mi fuasai hi'n anodd i'r ddwy hen wreigan yna glywed ei gilydd tasa ein criw ni yma'n bloeddio canu heno. Ond efallai eu bod nhw'n teimlo'n hapusach efo'r argae o sŵn o'u cwmpas. Heno roedd yn rhaid iddyn nhw fân-sibrwd dros eu diod a'u negeseuau, a throi bob hyn a hyn i weld a oedd rhywun yn gwrando. Doedd dim rhaid iddyn nhw boeni: y teledu oedd yn dwyn bryd y rhan fwyaf o'r cwsmeriaid er, yn ôl arfer rhai tafarndai, nad oedd y sŵn wedi ei droi ymlaen.

Eisteddodd Gwyn ar ôl gweld nad oedd y ferch tu ôl i'r bar yn debyg o gael amser i sgwrsio efo fo, a chafodd ei hun wrth ochr gŵr eiddil, tua deg a thrigain oed neu fwy. Roedd ganddo hen siwt o frethyn tew a chôt fawr yn hongian o'i ysgwyddau i'r llawr. Ar draws ei wasgod a'i ddwylo nerfus gorweddai giard oriawr aur. Gellid gweld lle'r oedd ei het wedi smwddio ei wallt tenau ar ochrau ei ben. Tynnodd Gwyn bapur newydd nosweithiol o'i boced a dechrau ei ddarllen, ond diflasodd yn fuan ar y manion ynddo, a rhoddodd o i lawr ar y bwrdd o'i flaen. O gil ei lygaid gallai weld fod yr hen ŵr wrth ei ochr yn pendwmpian, a'i ben yn siglo'n ôl ac ymlaen fel mandarin tegan, a dôi'r ddwy hen wreigan i'r golwg y tu ôl i'w wegil yn ysbeidiol.

Yr ochr arall i'r ystafell, gyferbyn â'r tân, roedd yna hen wraig, fel un o bâr â'r hen ŵr, yn eistedd y tu ôl i wydraid a photel Guinness wrth ei ochr. Er mawr syndod i Gwyn sylweddolodd mai *Llais Chwaraeon* oedd y papur yr oedd hi wedi ymgolli ynddo ac yn ei farcio â phensil. Roedd ei llygaid yn sionc a chnawd ei hwyneb yn fywiog o gadarn. Dynes fach oedd hi, a thybiodd Gwyn mai powdwr rhuddem a roes y gwrid ar ei boch. Roedd ei chôt yn siapus, yn denau a diaddurn, ond yn amlwg yn hen gan fod y rhimyn o ffwr o amgylch y goler wedi gwisgo'n druenus. Ar ei phen gwisgai het wellt ddu, sgwaraidd a chlwstwr o geirios gwêr yn hongian ar y tu blaen iddi. Dillad priodas ryw dro efallai. Yn ôl y craciau arnyn nhw a'r draul ar eu sodlau, mae'n debyg mai ei hesgidiau bob-dydd oedd am ei thraed. Cyn bo hir daeth fersiwn tebyg o'r ddynoliaeth i mewn ati, wedi ei gwisgo mewn côt dewach a chôt law blastig dros honno wedyn. Roedd ganddi het o blu, yn cofleidio'i phen ac yn dangos mor fawr oedd ei chlustiau hi. Cododd y llall i brynu diod iddi; daeth â gwydraid o bort i'r bwrdd a dechreuodd y ddwy glebran yn braf.

'Esgusodwch fi,' meddai ei gymydog, 'cha i ddim menthyg y papur 'na am funud gennych chi?'

'Cewch â chroeso.'

Llais gogleddol, tybiodd Gwyn, cyn ymneilltuo i'w gwmni ei hunan. Pwy ddywedodd fod pawb yn dechrau siarad efo fo'i hun y munud y bydd ar ei ben ei hun? Wel, dwi wedi siarad mwy efo fi fy hun y dyddiau diwethaf yma na dwi wedi'i wneud erstalwm iawn—

ers fy llencyndod, mae'n debyg. Crwydro'r strydoedd cefn yma yn ardal Bute, gan groesi canol y ddinas wedyn drwy Treganna er mwyn osgoi cyfeillion. Dal bws i fyny i'r Wenallt yn y bore a chrwydro fan'no eto. Ond heno dwi'n teimlo'n saffach, a phawb o'm cydnabod, bron, wedi mynd adref dros y gwyliau. Fuo fi erioed mewn trwbl fel hyn o'r blaen. Duw, Duw, be wna i? Fedra i ddim dweud wrth y teulu. Na, feiddia i ddim dweud wrthyn nhw. Dwi ddim am ganiatáu imi fy hun sylweddoli ei fod o'n wir. Blynyddoedd i geisio ffurfio'r clai: fy rhieni, fy athrawon a'm cyfeillion a minnau, yn ôl gwahanol obeithion ac uchelgeision. A rŵan, pan mae'r ffurf yn dechrau ymrithio o ddifrif, a'r olwyn yn arafu, cyn i'r clai galedu'n wir, dyma hyn wedi digwydd. Myn uffern. Dwi 'di gwyro o'r llwybr o'r blaen, wedi bradychu pob delwedd sawl tro, dwi'n gwybod. Ond mae hwn yn wahanol. Mae hwn yn derfynol. Byddai'n rhaid ymaddasu i hwn, a phawb arall o'm cwmpas hefyd. Does dim digon o ruddin ynof i ddal peth felly. Ond be uffern wna i? 'Sa'n well gen i ddiflannu na wynebu pethau; ar un o'r llongau i lawr yn y dociau efallai, neu hyd yn oed yn gyfan gwbl. Am wn i na fuasai'n well ganddyn nhw hefyd petawn i'n diflannu, na 'mod i'n dŵad â gwarth ar y teulu. 'Sdim byd i'w wneud ond . . .

'Diolch yn fawr, 'machgen i. Mae hi'n ddistaw yma heno'n tydi?'

'Ydi'n wir. 'Dach chi'n dŵad o'r gogledd yn ôl eich acen.'

'Wel ydw'n wir. Er 'mod i lawr 'ma ers blynyddoedd rŵan. O ble 'dach chi'n dŵad?'

'O wrth ymyl Caernarfon. Tre'r-waun.'

'Wel, wel. O Gerrigydrudion dwi'n dŵad. Be 'dach chi'n wneud lawr yma? Yn y coleg?'

'Ia, 'na chi. Gym'rwch chi ddiod arall?'

'Wel, diolch yn fawr.'

Aeth Gwyn i nôl peint bob un iddyn nhw.

'Hwyl ichi, 'machgen i, a diolch. Mi rown i'r byd am fod ych oed chi rŵan, gwnawn yn wir. Roeddwn i 'di bod ar y môr yn hwylio o Lerpwl am chwe blynedd pan oeddwn i'ch oed chi, a 'di bod ar yr eigion i ymweld â phob cyfandir. Dwi'n cofio un tro . . .'

Ar ei waethaf roedd meddwl Gwyn yn diflasu ar y sgwrs, ac fel yr âi'r henwr ymlaen ac ymlaen â'i hunangofiant, gan gofio'i ddyfodiad i Gaerdydd, ei briodas a magu teulu, y teulu'n gadael y nyth ac yn ymsefydlu yn Lloegr a Chanada, ac yntau wedyn yn colli ei gymar yn fuan ar ôl ymddeol. Roedd y darn diwethaf, lle y canolbwyntiai ar ei ofidiau fel gŵr gweddw tlawd, yn foddion i ddwysáu iselder Gwyn ac ni ddywedai ddim namyn ambell 'Tewch; dew, dew', o borthiant i berorasiwn yr hen ŵr. Doedd o ddim wedi dweud wrth wraig y llety eto nad oedd o'n mynd adref am y gwyliau. Os byddai o yna bore fory byddai'n rhaid ei hwynebu. Rhaid iddo benderfynu beth i'w wneud.

Roedd y ddwy ar yr ochr arall i'r hen ŵr wedi mynd allan eisoes gan ddymuno'n dda i'r ferch tu ôl i'r bar, ac roedd y lle bron yn wag ar wahân iddyn nhw ill dau a'r ddwy gyferbyn oedd yn dechrau ymysgwyd a galw am barsel bach bob un i fynd adref gyda nhw. Trodd y rheini a dychwelyd â'u parseli hirsgwar dan eu ceseiliau. 'Gwyliau llawen ichi'ch dau. Gobeithio y gwelwn ni ti yma nos fory efallai. Hwyl nawr, ac i chi, del. Nos da, Jinny.' Daeth cilwynt oer drwy'r drws wrth iddo siglo ar ei golfachau ar eu holau nhw, a dechreuodd Gwyn hel ei bethau ato.

'Mae hi'n amser i chi fynd adref rŵan, taid.' Roedd wyneb yr hen fachgen wedi mynd yn llipa, a glafoerion yn oedi ar gongl ei geg. Y gwythiennau ar ei ddwylo pleth yn llawn a glas yn erbyn ei groen memrynaidd, gwelw. Roedd yna ddafn da o gwrw ar ôl yn ei wydr, heb ei yfed.

'Mae e'n waeth nag arfer heno,' meddai'r ferch tu ôl i'r bar. 'Smo fi 'di'i weld e fel hyn ers tro byd. Bu rhaid inni mofyn plismon pryd 'ny i fynd ag e tua thre.'

'Na, na, peidiwch â gwneud hynny, da chi. Ble mae o'n byw? Mi a' i â fo adref.'

'Wel, ware teg ichi, weda i. Lawr tu cefn i'r Windsor, lawr y dociau, mae e'n byw. Mae stafell 'da fe yno; mae e'n disgwyl ar ôl 'i hunan, ac yn dod lan yma cyn gweithio'r nos fel gofalwr yn y darn newydd o'r coleg 'na sy yn y parc. 'Sdim tylwyth 'da fe, wi'n credu, y creadur.'

Daeth y ferch i'w helpu i'w godi o a rhoi ei fraich dros ysgwydd Gwyn. Sylwodd Gwyn arni'n sleifio paced ugain o sigareti i boced ddofn yr hen fachgen. Syrthiodd un pen i'r giard o boced ei wasgod, ac wrth ei ddychwelyd daeth yn amlwg nad oedd oriawr ar unrhyw ben iddo. Ffarweliodd Gwyn â'r ferch a chychwynnodd drwy'r

21

strydoedd cefn i gyfeiriad y dociau. Doedd yr hen fachgen ddim yn drwm iawn, yn syfrdanol o ysgafn a dweud y gwir, a cheisiai ddefnyddio ei draed bob yn hyn a hyn gydag ochenaid. Deffrôdd yn araf dan ddylanwad yr oerni garw, a gallodd heglu ei ffordd o'r bont reilffordd heb bwyso gormod ar Gwyn. Pan ddaethon nhw at ymyl Stryd Stuart dechreuodd fwngial yn aneglur a chwifio'i law rydd. Deallodd Gwyn yn y man mai amneidio yn ôl ar hyd y ffordd y daethon nhw yr oedd o. Cymerodd yr hen ŵr ei wynt yn ddwfn ac yna sibrydodd: 'Rhif un saith dau, y llawr uchaf. Diolch ichi, 'machgen i.' A gollyngodd ei ên i'w frest eto.

Bustachodd Gwyn a'i lwyth i fyny'r grisiau llwm ar ôl cael hyd i'r tŷ, a chafodd allwedd y drws ym mhoced wasgod yr hen ŵr. Daeth rhyw ddyn du a'i ferch allan o un o'r stafelloedd a chau drws ar sŵn parti. Gadawodd y dyn ei ferch yn pwyso'n erbyn y mur yn syn, a daeth i helpu Gwyn. Rhoddwyd yr hen fachgen i orwedd ar ei wely, ac yna aeth y dyn du heb ddweud gair, dim ond gwenu'n dyner cyn cau'r drws. Eisteddodd Gwyn ar y gadair wrth y ffenestr. Doedd yno ddim lle i droi bron. Hongiai côt law a siaced frethyn ar beg y tu ôl i'r drws, ac mewn congl arall roedd yna stof fechan baraffîn a thegell arni. Ar fwrdd bach wedi ei orchuddio ag oelglwt roedd tamaid o dorth, hanner pwys o fargarîn wedi ei agor, cyllell a llwy de. Roedd y bwlb trydan wedi casglu saim a llwch nes bod to uchel y stafell mewn mwy o gysgod na gweddill y lle. Brawychwyd Gwyn o weld y dillad gwely'n bygddu ond mynnodd godi a thynnu dillad uchaf a choler yr hen fachgen, a'i droi i un ochr i godi dillad y gwely drosto. Drwy gydol y broses daliai i ochneidio'n dawel ac agorai ei lygaid hurt bob hyn a hyn. Eisteddodd Gwyn eto a gwrando ar anadlu'r henwr yn ymsefydlu i ryw fath ar rythm ac yna'n tawelu, a'i gorff yn ymlacio i'r fatres. Yna aeth drosodd i wrando eto ar ei anadlu, a theimlodd y curiad yn ei arddwrn cyn penderfynu ymadael. Cerddodd at y ffenestr i edrych i lawr ar y stryd, a sylwodd ar Feibl a Llyfr Emynau llychlyd ar y silff. Wrth iddo fynd i lawr y grisiau roedd yn rhaid iddo dorri drwy glwstwr o bobl yn ymdywallt o'r parti. Croesawodd yr awel oer ar ei wyneb a throdd i edrych ar y cloc ar dŵr y stordy gerllaw. Chwarter i un. Aeth Gwyn i lawr at lan y dŵr ger y cei lle hwyliai'r llongau am Wlad yr Haf. Roedd y môr yn eithaf tawel a hithau'n noson olau leuad. Syllodd yn hir ar adlewyrchiad y sêr a'r lloer gan gofio unwaith eto am ei broblemau diddatrys. Roedd y môr yn ymddangos yn gynnes a chlyd. Nid yw'r môr byth yn creithio, dim ond atsain ergyd mewn crychiad yn ymestyn allan yn donnau mân nes ymgolli eto yn llyfnder llonydd y dŵr. Daeth awel gryfach i darfu ar ei fyfyrio ac i chwalu golau'r lloer yn deilchion ar y dŵr. Trodd Gwyn a cherddodd yn gyflym am ychydig, a daeth y cylchrediad yn ôl i'w aelodau merwinaidd. Roedd pobl yn dal i symud ar hyd y strydoedd, ac ambell longwr yn ymlusgo'n chwil neu'n lluddedig yn ôl i'w long. Cyfnod mor fyr yw'r nos i lawr yma yn y dociau. Pobl ar eu hynt o hyd. Cymdeithas frych wedi ei hasio at ei gilydd gan dlodi a chyni. Pobl yn ymgolli yng nghwmni ffraeth tafarndai'r llongwyr, a phuteiniaid yn eu hafiaith a'u diod. Fuasai hi ddim yn broblem o gwbl i lawr fan'ma.

Mae dyn yn siŵr o frifo rhywun bob munud ac uffern o beth ydi gorfod cymryd cyfrifoldeb parhaol am un camgymeriad, ond mi fu bron iddo fo fynd i'r eithaf hunanol heno.

Roedd yr awel yn wlyb o luwch y môr, a'i fochau yntau'n llaith ac oer. Aeth cryndod drwyddo, ond teimlai'n fwy effro nag ers tro, a'i feddwl yn gliriach. Roedd hi rŵan wedi troi un o'r gloch. Doedd dim amdani, nac oedd, ond cychwyn tuag adref.

## MENTER MORFYDD

Yr oedd ganddi reswm dros ddathlu. Wrth iddi godi'r gwydr i'w cheg yn bwyllog â'i llaw chwith, a thra oedd bysedd ei llaw arall yn ceisio osgoi cael eu llosgi gan y sigarét oedd rhyngddynt, chwaraeai gwên ofnus o gwmpas godre'i thrwyn.

Peth rhyfedd ydi dathlu ar eich pen eich hunan, yn enwedig efo diod gadarn fel hyn. Ond roedd hi'n eithaf braf, efo'r tanllwyth o dân siriol, y cwdyn o dda-da mintys a'r stôl fach i'w thraed. Mi fyddai hi wedi bod yn braf hwyrach cael Janet dros ffordd i mewn i gael sgwrs a rhannu'r dathlu, ond wedyn doedd clyw honno ddim hanner da chwaith, bron yn waeth na'i un hithau. Beth bynnag, roedd hi am gael egwyl er mwyn cael hel ei meddyliau ac wedyn mwynhau *Miss Bydysawd* ar y teledu yn hwyrach heno, efo'r dyn bach yna'n cyflwyno.

Er mai hen ferch oedd Morfydd, heb erioed ymwneud rhyw lawer iawn efo dynion, yr oedd hi wrth ei bodd yn gweld y pethau ifanc yma'n hwylio a sleifio o gwmpas y lle yn eu dillad gosgeiddig, llaes neu bryfoclyd ac afieithus gwta. Fel yr holl blanhigion ar hyd silff ffenestr y parlwr, roeddyn nhw'n arwydd o rialtwch a sbort bywyd. Erbyn heddiw, welech chi bron fyth ferch hyll a di-sut ei dillad, a diolch i Dduw am hynny. Lle hapus oedd y byd yma i fod. Hwyrach y byddai hi hyd yn oed wedi edrych yn ddeniadol. Un tro go-iawn y bu hi efo hogyn, pan oedd wedi mynd efo Leusa fel cymar i ffrind cariad honno. Ond roedd o wedi meddwi'n gaib beth bynnag! Thorrodd hi mo'i chalon.

Ond mi fu yna adegau pan fu bron i ysbryd Morfydd sigo. Dair gwaith yn ystod ei deuddeng mlynedd a thrigain. Y tro cyntaf oedd pan fu'i thad farw a hithau'n ddeunaw oed a'i bryd ar fynd i weithio fel morwyn draw yng Nghasnewydd: swydd breswyl a siawns i weld

24

tipyn ar y byd wedi pedair blynedd yn siop y pobydd draw acw. Ond nid fel'na roedd hi i fod. Chwarae teg i Mam: doedd hi ddim yn disgwyl iddi hi aros gartref, ond doedd 'na ddim disgwyl i Mam aros ar ei phen ei hun chwaith. Ac roedd Jac ym Mlaendulais, wedi priodi ac yn gweithio yn y pwll glo.

Yr ail dro y bu bron i'r frwynen dorri oedd ar farwolaeth ei mam, ddeng mlynedd yn ôl ond y dim. Ond mi fu Mr Beynon, bendith ar ei ben o, yn dda iawn, iawn wrthi hi. Er iddi fod wrthi'n glanhau a thwtio'i swyddfa fo yn y dre gyda'r nos ers wyth mlynedd ar hugain, fe gytunodd iddi gael gwaith yn ystod y dydd o hynny allan, iddi gael mwynhau tipyn o hamdden gyda'r nos a mynd allan a chyfarfod pobl. Trefnodd Mr Beynon iddi fynd i weithio yn ei dŷ o yn Radur, yn lle dwy ddynes oedd yn gwneud y gwaith rhyngddynt cyn hynny, ac os byddai hi'n law trwm iawn, fe fyddai ei wraig yn aml yn dŵad i lawr y chwarter milltir o riw i'w chyfarfod oddi ar y bws chwarter i naw, cyn iddi hithau fynd â'r ferch ieuengaf i'r ysgol a mynd ymlaen i'r ysbyty, lle'r oedd hi'n feddyg.

Byddai Morfydd wrth ei bodd yn y tŷ mawr crand. Gallech guddio'i thŷ stryd bach hi o fewn yr ystafell fyw foethus, eang a'r patio tu allan yma. Yr oedd ganddi bob peiriant a theclyn i'w helpu hi i olchi a glanhau, hel llwch, cwyro a chaboli, ond yr oedd yn well gan Morfydd gael defnyddio'i dwylo i ddechrau'r diwrnod, er mwyn cynhesu ac ymystwytho. Felly, golchai'r llestri â'i dwylo a chyweirio'r pedwar gwely wedyn, os na fyddai parti wedi bod pryd y byddai yna bentyrrau anhygoel o wydrau a llestreuach, ac weithiau nifer dda o welyau i'w cyweirio. Os byddai hi'n dymor gwyliau, fe fyddai rhai o'r plant gartref, yn brecwesta'n hwyr ac yn hamddenol, yn dowcio yn y baddondai neu'n llamu allan i blymio i'r pwll nofio. Erbyn canol y bore, fel arfer, fe fyddai Morfydd yn rhyw ddechrau gweld trefn yn dŵad ar bethau, ac fe gâi eistedd am baned a gwrando ar y radio, ac yn y man fe fwytâi ei brechdanau efo paned arall, a bisgeden neu ddwy. Yn y pnawn yr âi i siopa dros ei meistres a chrafu a glanhau llysiau at y cinio diwetydd a gosod y bwrdd, a gadael, am ryw reswm, y sinciau a'r tai bach a'r baddondai a'r basnys yn y llofftydd hyd y diwethaf cyn cychwyn am y bws pum munud wedi pedwar. Roedd hi i fod i ddisgwyl os oedd hi'n dywydd garw iawn, a gadael i Meistres fynd â hi i lawr i ddal y bws chwarter

25

i bump, yn y car mawr di-sŵn yna. Ond yn anaml iawn y gwnâi hi hynny.

Peth da oedd cael newid y patrwm ar ôl colli ei mam. Yr oedd yr oriau o ryddid gyda'r nos yn beth newydd beth bynnag, a doedd hi ddim yn gweld colli'r holl ofalu am ei mam yn ystod y dydd yn ormodol. Yr oedd gymaint i'w wneud gyda'r nos: ffilmiau, bingo, mynd efo Janet am goffi i'r Parlwr Haul, ac erbyn hyn roedd ganddi hi bunt yn ychwanegol at ei decpunt a hanner ar gyfer hyn i gyd. Ond doedd hi erioed wedi mynychu tafarn, er iddi fod yn agos iawn at hynny ar ôl ei thrydydd cnoc, ac iddi gael ambell lymaid adeg Nadolig ac ym mhriodas ei brawd—ac ar ddiwrnod pen blwydd ei mam yn ddeg a thrigain.

Tair blynedd cyn iddi farw y cafodd ei mam y strôc fawr olaf. Cyn hynny roedd hi'n dal i fedru mynd allan yn y gadair olwyn i'r parc ac ar hyd afon Taf yng ngolwg y gadeirlan, a chaent fynd i'r siop flodau yn Llandaf ambell waith i brynu hylif gwrtaith i'r cacti a'r Blodau Cannwyll. O ben isaf y parc, gallai ei mam weld tyrau Castell Coch a dychmygu'r olygfa oddi yno dros ei hen gartref yn Nhongwynlais. Byddai'n gofyn ar dywydd garw a oedd copa'r Garth yn wyn, a byddai Morfydd yn siŵr o weld eira ar doeau'r ceir o'r cymoedd wedyn.

Wedi'r strôc olaf yna, prin y medrodd ei mam fynd dros y rhiniog, dim ond cael ei chario drosto i eistedd mewn cadair yn yr haul, os nad oedd hwnnw'n rhy boeth, ond galluogai hyn iddi gael sgwrs fach lafurus efo hwn a'r llall wrth iddyn nhw fynd i'r Post bach neu draw i'r lleiniau gerddi dros y ffordd fawr. Yr oedd hi braidd yn gaeth ar Morfydd hefyd, wrth reswm, ond câi ambell sgwrs felys efo rhai o ferched y Rhondda a Phontypridd ar y trên wrth iddyn nhw i gyd fynd i lawr i Gaerdydd i weithio yn y swyddfeydd, a châi ddarllen hanes y byd a'r betws yn yr *Eco* ar y ffordd adref yn yr hwyr. Yr oedd hi'n dda iawn arni, digon o gymdogion cymdogol, un ohonyn nhw'n gyfnither, i gadw llygad ar ei mam tra byddai hi yn y gwaith neu allan yn siopa. Ambell ddydd Sul, cyn y strôc olaf yna, fe ddôi Jac draw a mynd â nhw ill dwy am dro bach yn y car. Dim ond dŵad i gael sgwrs a phaned fach, a dŵad â phecyn o 'sgedi, y byddai o wedyn. Ond fe ddaeth hithau efo fo i'r cynhebrwng, a helpu efo'r salad ham a'r te, chwarae teg iddi, am wn i. Mi fuasai hi wedi hoffi cael plant, meddai hi wrth Morfydd un diwrnod. Ond dim ond dwywaith yr oedd hi wedi ei gweld hi ar ôl y cynhebrwng, ar wyliau Steffan pan gâi Morfydd fynd draw yno i fwyta sbarion yr ŵydd, ac roedd Jac wedi bod draw ambell waith. Fo aeth â hi i weld *agent* y tirfeddiannwr pan ddaeth y llythyr ofnadwy yna. Hithau wedi meiddio'i ffônio fo yn ei waith, fel y gwnaethai pan fu'u mam farw, eisiau cael siarad efo fo gan ei bod wedi cythryblu cymaint. Fe gafodd yntau dipyn o sioc, wedi methu dyfalu beth allai fod o'i le y tro yma, ond fe ddaeth draw ar ôl gwaith y noson honno, chwarae teg iddo fo.

Tenant yn ôl mympwy yn wir! Bron yn syth wedi i Mam fynd. Roedd hi'n gwybod nad oedd ei mam yn rhyddfreiniwr, nac yn berchen am oes, ond tybiai ei bod yn les-ddeiliad ar delerau tebyg i naw deg naw mlynedd neu rywbeth felly. Ond roedd y rhag-hysbysiad dadfeddiannaeth yna fel gorchymyn i ddechrau marw. Ddaeth o ddim i'w meddwl hi i sôn wrth Mr Beynon. Galwodd ar Janet, ond roedd honno allan yn rhywle neu'i gilydd. Teimlai fel pe bai wedi cael ei tharo yn ei choluddion. Aeth yn ôl i'r tŷ a nôl llymaid o'r brandi a gadwai ei mam yn nrôr bach y gist ddroriau derw yn y parlwr. Gwnaeth baned boeth o de efo lot o siwgr ac wedyn dyma Janet i'r fei, wedi bod yn helpu'r ddynes tŷ pen i drin cefn yr hen ŵr gorweiddiog. Ar ôl y baned a gwrando ar Janet yn melltithio'r tirfeddiannwr, teimlai Morfydd yn ddigon da i fynd efo hi i ffônio'i brawd.

Ni feddyliodd yntau chwaith am gael help Mr Beynon, ond soniodd am gael twrnai ac addawodd ofyn cyngor ffrind iddo ynghylch pa un oedd orau ar faterion fel hyn. Wedi'r cyfan, bargyfreithiwr oedd Mr Beynon, yn arbenigo ar faterion patent. Ond twrnai oedd twrnai hefyd. Wylo, nid meddwl, wnaeth Morfydd, a phan welodd Meistres hi yn ei dagrau wrth y sinc, a hithau wedi dod adref yn gynt na'r disgwyl, mynnodd fod Morfydd yn disgwyl nes dôi Mr Beynon adref, a threfnodd hwnnw wedyn i fynd â Morfydd a'i brawd i swyddfa cyfreithiwr drennydd, un oedd yn arbenigo ar y ddeddf brydles.

Ddeallodd Morfydd na'i brawd fawr ar y trafod fu rhwng gwŷr y gyfraith ynghylch ei thamaid dogfen brawychus. Ond cafodd addewidion gobeithiol, ac o fewn tair wythnos daeth gair i ddweud

27

ei bod hi'n cael y fraint o fod yn denant am oes, a bod cytundeb newydd i'w ddarparu a'i lofnodi. Cafodd wneud hynny un gyda'r nos yn nhŷ Mr Beynon, a'i wraig yn dyst iddi. On'd oedd hi'n ffodus cael help llaw dyn fel Mr Beynon? Mawr iawn oedd ei braint yn wir. Be wnâi hi hebddo fo? Bu'n huawdl ei diolch a'i chlod iddo, a phrynodd bersawr drud i Mrs Beynon, yr un a welai hi ar ei bwrdd gwisgo: *Climat*, a blwch o sigarau Hafana enfawr iddo fo, y ddau anrheg wedi eu cael o'r siop arbennig yna gyferbyn â Gwesty'r Parc yn y ddinas. Prynodd sgarffiau sidan i'r merched a phìn-sugno Sheaffer i'r mab. Nid oedd dim gweithred a allai ddiwallu gwanc Morfydd am ddiolch i'r teulu hynaws yma a ddiogelodd ei pherchentyaeth ar ei chartref iddi, y lle y cyfaneddodd hi a'i mam gyhyd, a lle'r oedd ei phriod bethau'n trigo ac yn cael eu cadw a'u cynnal.

A heno, dyma hi, yn eu canol yn ddedwydd. Yn dathlu ei lwc, yn y parlwr, ar ôl derbyn ei chopi o'r cytundeb newydd llofnodedig. O'i chwmpas roedd hen gist-ddroriau a chwpwrdd cornel ei mam, llun o'i thad yn lifrai'r fyddin adeg y Rhyfel Byd cyntaf, y ddwy hen siel bres yr oedd o wedi dod adref efo fo o Ffrainc i'w mam eu caboli byth wedyn, fel y ffendar yna a'r ddwy brocer addurnol. Yr oeddynt oll yn dal yn eu sglein llachar. Daeth y stôl drithroed o Faesteg, wedi ei hetifeddu drwy ei mam-gu ar ochr ei thad, a lluniau bach ar y silff ben tân o Jac a'i wraig adeg eu priodas, un arall ohonyn nhw ar eu gwyliau yn Ninbych-y-pysgod, o Jac yn hogyn ifanc, ac un o'r pedwar ohonyn nhw, cyn i Jac fynd i ffwrdd, ar silff y ffenestr. Yn ogystal, ar y silff ben tân, roedd yna declyn lle gellid tywallt cawod o eira dros wraig mewn gwisg Gymreig, plyg pres i ddal cardiau post a llythyrau, pincws, a jwg lathrliw yn dal ei phres a thameidiau pwysig o bapur megis ei thrwydded deledu a'i llyfr pensiwn. Yr oedd yna blât 'Anrheg o Dreorci' ar y mur gyferbyn â'r lle tân, uwchben y glwth â breichiau caled. Yr oedd cadair Janet, un ei mam gynt, yn wag, a rhoddodd Morfydd ei throed dde chwyddedig i fyny arni am ychydig, ond roedd hi'n anodd ei chadw yno wrth bod y sigarét a'r ddiod ganddi i'w dal, a hithau'n siglo'n ôl ac ymlaen.

Tywalltodd ychydig yn rhagor o'r sieri iddi hi ei hun, taniodd sigarét arall a rhoes ei dwydroed yn ôl ar y stôl fach. Ar ôl gorffen y rhain fe âi hi am y ciando. Roedd hi'n dechrau teimlo'n gysglyd

28

ac amheuai iddi bendwmpian rhyw funud neu ddau yn ôl. Teimlai'n hyfryd fodlon, er bod mwg y sigarét yn mynd i lawr y lôn goch ambell waith ac yn gwneud iddi besychu. Suai'r gadair siglo ei theimladau i fodlonrwydd braf. Roedd y tân yn llawn lluniau ac atgofion a doedd dim mwg taro i darfu ar berffeithrwydd y noson iddi hi. Chwaraeai golau'r fflamau ar ei hwyneb blinedig, ar ei thrwyn mawr, crychog, coch, ar y blew dan ei thrwyn a'r aeliau gwifrog, a'r cudynnau bach o wallt cwrliog tenau. Yr oedd ganddi wyneb llydan a llygaid llwyd, llonydd, ond roedd conglau ei cheg at i fyny a phrin oedd y mân grychau o gwmpas ei llygaid. Yr oedd fel pe bai ei bochau wedi eu codi gan asbri, ond yr oeddynt felly erioed yn hanes Morfydd. Os dôi Janet draw nos fory, fe fyddai ganddynt esgus dros ddathlu eto. Hwyrach y dylai hi fframio'r ddogfen yna oedd yn yr amlen fawr bwysfawr a oedd yn gorwedd wrth ochr y botel a'r sigareti ar y bwrdd bach bwyta swper, ar ben y tun bisgedi. Peth braf fyddai cael marw mewn cyflwr fel hyn. Gwybod fod ganddi sicrwydd am ei lle, a theimlo'n ddedwydd ac yn gyfarwydd yno. Gwyn ei byd wedyn, fel ei mam, gobeithio.

Yn y man, cododd Morfydd, dipyn bach yn sigledig, rhoddodd ei gwydr ar y bwrdd a stwmp ei sigarét ym marwydos y grât. Plygodd, ag un llaw ar y stôl, a rholiodd y mat yn ei ôl, rhag ofn gwreichion. Gosododd y gwarchodwr o flaen y tân, clodd ddrws y cefn, ac aeth yn ôl at y bwrdd a rhoi'r amlen holl-bwysig ar ben y silff ben tân, y tu ôl i'r jwg. Wedyn, aeth i fyny'n araf i'r llofft, at y botel ddŵr poeth a'r gwely.

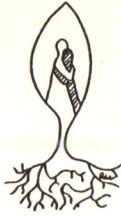

## Y DDAWNS

Treiddiodd cwsg drwyddo draw, gan ei adael yn boenus o ddiymad-
ferth. Bu'n gweithio ar ei lyfrau hyd ddau o'r gloch y bore ac nid
oedd hi rŵan ond saith munud i naw. Plygodd ei benliniau,
arllwysodd ei goesau dros erchwyn y gwely a dechreuodd grafu
cefnau ei ysgwyddau. Wrth iddo blygu i roi ei sanau am ei draed
dechreuodd ei feddwl ddeffro ac addunedodd dorri ei ewinedd y
noson honno. Corff eiddil oedd ganddo, yn ei byjamas sidan, rhai
lliw coch tywyll a'u hymylon yn oleuach, fel ei ddwylo yntau.
Dwylo main oedd gan Sing fel y rhan fwyaf o'i hil, a'r crychau ar ei
figyrnau yn fwy amlwg nag ar ddwylo dyn gwyn.

Efrydydd meddygol oedd o ac ar ei bedwaredd flwyddyn erbyn
hyn. Fuo fo ddim adref i'w wlad ei hun ers dros dair blynedd, ac i
gynhebrwng ei fam yr aeth y tro hwnnw. Gweithiai'n galed ac yr
oedd wedi llwyddo ym mhob arholiad hyd yn hyn. Gan fod prinder
meddygon yn ei wlad, a chan fod ei ewythr yn farnwr yn uchel lys
ei dalaith, byddai Sing yn ddiau yn ŵr parchus a ffyniannus ymhen
rhyw ddwy flynedd neu dair ar ôl mynd adref. Mi fu mewn coleg ym
Madras yn astudio gwyddoniaeth naturiol cyn dod i Ddulyn, ac yno
y ceisiodd berffeithio ei Saesneg. Ond nid iaith oedd ei unig faen
tramgwydd wrth iddo geisio cyfathrachu â phobl Dulyn. Yr oedd
ganddyn nhw eu mân-siarad eu hunain, llawer ohono'n ymddangos
yn ddireidus a difeddwl iddo fo. Hoffai'r dynion fynd i dafarndai a
chlebran am oriau maith am grefydd a gwleidyddiaeth, dros eu diod
ewynnog, du. Anaml y gwelid merched yn eu plith a phrin oedd eu
gwybodaeth am y Dwyrain. A dweud y gwir, prin oedd ei
wybodaeth yntau, hynny yw gwybodaeth ffurfiol, cyn iddo ddod i
Ewrop. Adnabod ei gymdeithas yr oedd o, yn ei harferion, ei
moesau a'i thraddodiadau—arferion bwyta a gwisgo a phriodi,

30

enwau a rhinweddau'r mân dduwiau wedyn. Darllenasai sawl llyfr clawr papur am ei wlad a'i phobl er pan ddaethai yma i Ddulyn; darllenasai am draddodiadau Ewrop hefyd: rhoddion Zews, yr hen grefyddau a'r ddyneiddiaeth newydd. Er mawr ofid iddo, syn oedd wynebau pobl pan soniai am y pethau hyn wrthynt. Yr oedd hi'n anodd iddyn nhw ei ddeall, efallai. Nid oeddyn nhw am ei wahodd i'w cartrefi gan mor anodd fyddai cynnal sgwrs, a hefyd, efallai, am nad oeddyn nhw am i'w merched ei gyfarfod. Wel, nid oedd yntau am briodi merch leol chwaith. Byddai'n broblem mynd â hi adref a'i dysgu sut i fod yn Indiad; byddai'n annheg â hi ac â'r gymdeithas yno.

Ta waeth, wrth grafu ei fol rŵan, yr hyn a ymrithiai i'w feddwl oedd mai Difiau oedd hi. Dyma fu ei sbardun wrth weithio mor ddiwyd ac mor hwyr neithiwr, er mwyn gallu mynd i'r Excelsior heno a dawnsio'n nwydwyllt ac anghofus i rythmau cynddeiriog Roy Clarke a'i Siglwyr—yn enwedig y drwmiwr chwyslyd yna a fu'n efrydydd meddygol ei hunan un tro. I'r Excelsior yr âi'r rhan fwyaf o'i gyd-wladwyr, ac yn wir yr Affricanwyr, y Saeson a'r estroniaid eraill. Yn eu plith nhw yr oedd sgwrsio'n haws, cywion meddygon a pheirianwyr yn sôn ymysg ei gilydd am eu gwaith ac am garu, a byddai nyrsys ac ambell ferch o'r dref yn addurno'r cwmni. Yr oedd ganddyn nhw eu tafarndai eu hunain hefyd, a'u barau coffi, llefydd lle y gellid yn ddiogel gellwair am y Gwyddyl a'u crefydd a'u harferion henffasiwn, a lle y gellid prynu pob math o bethau gwaharddedig. Nid oeddyn nhw am ymgroesi byth a beunydd fel y gwnâi'r Gwyddyl druan.

Erbyn hyn yr oedd Sing yn cerdded ar draws Parc Steffan. Cawsai frecwast ysgafn; fo oedd y cogydd yn y fflat heddiw. Mor hardd oedd y blodau yn y parc wrth i'r haul a'r awel dyner eu hanwesu, y tiwlips ffurfiol a'r afallen hudol—blodau mis Mai, ac yr oedd aroglau'r mango'n goglais ei gof y funud honno. Brysiodd allan o'r parc, ar draws y gongl brysur gan drafnidiaeth, ac i lawr Stryd Grafton—fel llysywen yn plethu ei ffordd rhwng y bobl frysiog, heibio i ferch ar ôl merch a'u sgertiau haf yn adlamu o'u cwmpas. Mor llawn o ferched prydferth oedd Stryd Grafton yn y bore, fel strydoedd Madras a'u sisial saris sidan, merched yno, fel yma, ar eu ffordd i'w swyddfeydd a'u colegau. Ond ple'r oedd y rhain yn

31

cuddio gyda'r nos? Merched eraill a feddiannai'r strydoedd yng ngwyll neon y ddinas. Cyrhaeddodd Faes y Coleg, ac wrth ddisgwyl caniatâd braich y plismon, cyfarfu â dau neu dri eraill o'i gydefrydwyr, pob un â'i sgrepan academaidd, a phob un yn gwisgo coler wen, trywsus llwyd a siaced frethyn. Daeth yr arwydd a chroesodd y fintai y stryd a throdd carfan ohoni drwy ddrws bychan yn y porth mawr pren, i mewn i fuarth y coleg.

Wrth wrando ar y darlithydd yn sôn am y gwahanol fath o boer peswch a'u harwyddocâd, daeth pelydr haul drwy'r ffenestr ac anwesu ei wegil. Rhoes ganiatâd i'w gorff ei fwynhau am eiliad ac yna canolbwyntiodd drachefn ar gopïo geiriau'r darlithydd, air am air, i'w lyfr, er y gwyddai fod y ffeithiau yn hollol amherthnasol i'r math o broblemau a ddôi i'w ran gartref. Yma yr oedd Ewrop wedi mynnu rhoi addysg i'r Asiaid a'r Affricanwyr, ac fe ddioddefai o yr holl bethau amherthnasol er mwyn mynd â'r hyn a fynnai yn ôl, ryw ddydd, i India.

*     *     *

Canodd y corn yn gras ac yn groch ac arllwysodd torf o ferched allan o ddrws y ffatri. Estynnodd y rhan fwyaf ohonynt at eu beiciau. Ar feic neu ar droed, croesawent sylw chwibannog y bechgyn yn eu lifrai gwaith a'u dilynai o'r ffatri, yn dryblith o'u cwmpas, yn eu herio. Pob dydd yr un fath, nid oedd ball ar eu hymyrraeth. Gan fod ei chartref yn ymyl, Lil oedd un o'r rhai cyntaf i ymwahanu o'r dorf. Trodd i'r chwith a chroesi'r gamlas dros bont droed fechan a arweiniai at gefn y rhes tai a oedd yn wynebu'r ffatri. Tai bric deulawr, a ffenestri bychain a drysau isel iddynt. Yr oedd yna ychydig yn fwy o sbonc nag arfer i'w cherddediad heno. Difiau oedd hi.

Wedi cyrraedd y tŷ brysiodd gyda'i the ac aeth i fyny'r grisiau i newid. Bronglwm tyn a ddewisodd, yn codi ei bronnau'n ymbilgar, a blows wen yn glòs drostynt. Sgert yn dynn eto ac yn sgleinio'n ddu oddi wrth seddi'r plasau dawns. Caeodd y botwm yn yr ochr ac yna tynnodd y sip ar gau a throi'r sgert nes ei fod ar ei hystlys chwith. Yr oedd ymyl y sgert yn gorffwys ar ei phenliniau. Eisteddodd ar erchwyn y gwely a gwisgodd ei sanau gan fwynhau eu hanwes ar ei choesau, yna stwffiodd ei thraed i esgidiau sodlau pig. Edrychodd ar ei hwyneb yn y drych. Ag eli a phowdwr llanwodd yr ogofâu bach wrth gonglau ei thrwyn, ac yna amlinellodd ei gwefusau'n hael â minlliw o liw tangarîn. Dechreuodd fwmian yn ysgafn wrth roi blew ei hamrannau i orffwys ar amlen a'u llochi â masgara. Ailwampiodd ei haeliau a glasodd ei hamrannau. Yr oedd hi bron â gorffen. Prin yr oedd angen cyffwrdd â'i gwallt gan i Carol roi perm-cartref iddi amser cinio. Brwsiodd y tonnau ffug yn ysgafn rŵan ac yna edrychodd ym myw ei llygaid. Dim ond ar nos ddifiau ac ambell nos Sadwrn y gwnâi hi hynny, ac yr oedd yn fodlon ar yr hyn a welai. Clymodd ei hances i'w braich â breichled lydan lliw aur, fel y dychmygai hi oedd gan gaethweision y Dwyrain. Persawr, paent ewinedd ysgarlad, papur chweugain ac ychydig o arian gwynion, côt law—a dyna hi'n barod. Aeth i'r siambr i ddweud ei bod yn mynd. Nid oedd gofyn iddi wneud dim arall cyn cychwyn.

Prysurodd at y stop-bysiau a llamu ar y bws yn llawn gobaith, a mynd i'r llawr isaf. Yr oedd Sing eisoes yn y llofft.

*　　*　　*

Yr oedd porth yr Excelsior yn llydan ac uwch ei ben fflachiai arwydd neon yn cyhoeddi enw Roy Clarke a'i Siglwyr. Ar y ddau ddrws gwydr siglo yr oedd braslun o ddawnswraig bale mewn pirwét. Fel yr âi Sing i mewn i'r cyntedd fe'i croesawyd gan sŵn Roy yn canu a chan awel gynnes yn llwythog o chwys. Talodd ac aeth i mewn heibio i ddrws ystafell ymbincio'r merched lle'r oedd heidiau ohonyn nhw'n ymdroi. Nid oedd llawer yn y neuadd eto ac aeth Sing i fyny i'r galeri i gael Coca-cola ac i fwrw golwg dros y maes. Bu'n sgwrsio yno am dipyn ac yna, wedi i'r neuadd lenwi tipyn ac i'r miwsig ddyfod yn fwy taer, penderfynodd ddawnsio ambell ddawns. Nid oedd y ddwy a ddewisodd gyntaf wrth ei fodd; roedd un yn rhy dal a'r llall yn rhy lafar. Daeth galwad i'r llawr eto gan Roy. Rhwng y dawnswyr gallai Sing weld merch o'r taldra a hoffai o. Yr oedd ganddi fronnau llawn, cadarn yr olwg mewn blows dynn. Yr oedd ei breichiau'n noeth hyd at ei hysgwyddau a'i choesau cryf ar ddangos hyd ychydig uwchben ei phenliniau, a mymryn o bais goch-binc i'w gweld. Wrth iddi siglo'n ysgafn yn ei hunfan yr oedd ei hystlysau a'i phais yn edrych fel pabi gwyllt yn ymdroi mewn

33

awel. Ymwthiodd tuag ati a bu'n ffodus cyrraedd cyn y lleill. Â'i ben a'i ddwylo gwysiodd hi i'r llawr. Dewisodd yn ddoeth, un o'r ychydig ddawnsiau araf a suol a geid heno mae'n debyg. Nid oedd unrhyw drafferth efo Lil; glynodd ei chorff wrtho'n foddhaus. Symudodd Sing ei ddwylo nes bod ei ddwy law yn cyfarfod y tu ôl i'w llwynau. Rhoddodd hithau ei dwylo o amgylch ei wddf ac ymdoddodd eu cyrff wrth iddyn nhw suo-ganu yng nghlustiau ei gilydd. Daeth taw ar y ddawns a moesymgrymodd Sing iddi cyn mynd yn ôl i'w gongl. Fe'i meithrinodd hi drwy gydol y noson, drwy'r dawnsiau cyflymach lle cyffroid eu cyrff i anniddigrwydd ffyrnig a hwythau'n dawnsio fel petai trydan yn llifo o un i'r llall ar hyd eu bysedd. Cafodd Sing wybod ei henw cyn y ddawns olaf, a phan ddaeth honno gofynnodd iddi a gâi o ei thywys hi adref. Diolchodd hi iddo'n gwrtais, aeth i nôl ei chôt, a daeth ato wedyn yn y cyntedd fel petaent yn hen ffrindiau a rhoi'i braich drwy ei un o. Yr oedd ei sgert a'i chôt yn adlamu o'i chwmpas.

Cerddodd y ddau yn hamddenol i fyny at y gamlas gan ddal i sisial-ganu a rhwbio ystlys wrth ystlys. Gwyddai Sing lle'n union i fynd â hi, ac mae'n debyg iddi hithau fod yno sawl tro o'r blaen. Yr oedd yna lôn fach dywyll, gul yn mynd i lawr oddi wrth lan y gamlas at gefn hen ystordy. Ym mis Mai yr oedd y lle'n sych a glaswellt mewn un gongl. Safasant yn ei gilydd i ddechrau caru, yn dal ei gilydd fel yn y ddawns ond bod y rhythmau dipyn bach yn wahanol rŵan. Cusanodd Sing ei llygaid, ei thrwyn a'i gwefusau'n ysgafn, dro ar ôl tro, ac yna ei chlustiau gan chwythu'n ysgafn i mewn iddynt a sibrwd ei henw'n daer. Anwesai ei ddwylo ei chefn, gan lithro i fyny ac i lawr y tu mewn i'w blows, o'i llwynau hyd at y pant rhwng ei phalfeisiau, ac yr oedd Lil yn dechrau anadlu'n ôl arch ei ddwylo. Tynnodd yntau ei law o gwmpas ei chanol ac yna i fyny at ei bron gan ddechrau datod ei bronglwm â'i law arall. Yn y man yr oedd y sip yn gyfleus, ac fe'i hagorodd ag un llaw, a'i fysedd yn gweithio'n sionc. Nid oedd hithau'n segur, a heb yn wybod bron yr oeddyn nhw wedi llithro i'r llawr. Daeth sŵn eu hanadlu'n fwy taer, ac ar ôl paratoi'n gelfydd gallodd eu cyrff ymdoddi, yn gur ac yn gysur, ysu ei gilydd, ymestyn a chlymu, chwyddo a llifo a dihysbyddu, a ffrwydro, am ennyd, i undod angerddol.

Ymhen ychydig funudau o fodlonrwydd, teimlai cefn Lil braidd

34

yn oer, ac yr oedd hi'n siŵr fod y glaswellt yn llaith. Ar ôl rhai cusanau defodol, aeth Sing â hi adref ac addo ei ffônio yn y ffatri ryw dro yr wythnos nesaf.

Sleifiodd Lil i fyny'r grisiau heibio i ystafell ei mam a chychwynnodd Sing tua'i fflat.

Yr oedd sawl caffe ar groesffordd Kelly yn fywiog o hyd, efrydwyr a gwŷr tacsi ac ambell actor yn cael cawl neu goffi neu frechdanau cyn noswylio. Trodd Sing oddi wrth y goleuadau yn ôl i gyfeiriad y gamlas a cherdded adref ar ei hyd. Pam, tybed, y teimlai mor ddiflas bob bore Gwener wrth gerdded adref? Yr oedd wedi ei ddiwallu, ac eto yn anfodlon. Efallai am ei fod yn mynnu breuddwydio am amgenach perthynas, druan ohono; un lle y byddai dau yn cael eu himpio i'w gilydd nes tyfu megis coeden yn un, gyda gwreiddiau ym mhridd cymdeithas ac ardal, a'r maeth yn treiddio i'r canghennau a'r dail. Felly y myfyriai am briodas yn y munudau tawel, a munudau felly oedd y rhain ar fore Gwener wrth gerdded adref. Mor anodd oedd myfyrio ar adegau eraill. Byddai gwaith neu nwyd yn ei anniddigo. Mae'n debyg nad oedd datrys ar y broblem nes yr âi yn ôl i India. Fe weithiai'n galetach fyth yfory. Wrth iddo fynd i'w wely yr oedd yr oglau cyrri a *mango chutney* yn y fflat bron â'i dagu.

*'O haul y wig, heiliai win.'*

Chwiliodd â'i law am y twll clo y tu draw i'w baciau, baglodd drwy'r
drws a'u rhoi i lawr yn ddiolchgar ar y bwrdd. Yr un hen le.
Tynnodd y llenni'n ôl i gael gweld yr olygfa. Dyna nhw; y llanw a'r
gwynt yn codi'r tonnau'n forfeirch direidus, a'r cwch yn gorffwys
wrth ei angor yn y bae. Fy Elysium, henffych eto! Sut y buost ti tra
bûm i ffwrdd? Rwyt ti'n edrych lot yn well, wyt yn wir.

Agorodd un o'i baciau a thynnu ei daclau ymolchi allan. Yn eu
canol yr oedd yna gostrel fach blastig o *Ombre Soleil—Cysgod yr haul*,
eli'r haul. Gadawodd hon ar y bwrdd ac estynnodd liain o'r drôr yn
y bwrdd gwisgo, yna tynnodd ei gôt a gadawodd ei esgidiau wrth y
lle tân wrth fynd i'r stafell 'molchi. Swllt; a'r *Swan Vestas*. Mae'r ager
mor debyg i'r tes lledrithiol ar y gorwel yn Grissau.

Does dim eisiau siwt drochi yma. I mewn. Ara deg. Sut mae neb
yn licio dŵr oer? Corddi'r dŵr dipyn; y bath yn oer ar fy 'sgwyddau,
am eiliad. Gwynt allan. 'Pa le mae 'nghariad i?' Wyt ti i lawr ar y
traeth yna heddiw eto? Pam na wnei di yrru'r haul i'm hannerch
yma yng nghanol moelni Gwynedd? Di-waith; tranc iaith. Be 'di'r
ots? Wynebu bywyd yn gyfan; gorwedd ar draeth y duwiau a chael
anwes eu cariad cynnes hyd-ddof i gyd—bron. Duwcs, dwi'n
chwysu. Wel, mae yna lot o faw i ddŵad allan ar ôl y daith: o Gar-
cassone i Gaernarfon. A dim un cerbyd di-fwg na gwesty dirwestol.
Genefa'n ddinas Babyddol erbyn hyn, meddai *Le Monde* echdoe. Be
ddywedai O.M. am hynny tybed? Mae'r hen fyd yma'n deilchion.
Pam mae eisiau inni fwrw'n hieuenctid mewn crinder ysbryd a
nacáu pob nwyd er mwyn cadw rhyw hen gymdeithas fethedig i
fynd? A nhwtha? Deallusion yn eu tyrau ifori, oer. Traddodiad, wir.
Dydyn nhw 'rioed wedi byw mewn tyddyn na thorri cwys. Dethol
yr hyn maen nhw'n ei hoffi, yr hyn sy'n gydnaws â'u syniadau nhw'u
hunain, y maen nhw—dim ond eu bod nhw'n ei wneud o efo'r
gorffennol. Wel, mi dwi'n iawn beth bynnag. Peth rhyfedd na
ddigwyddodd o cyn hyn. Rhy brysur yn pwyllgora a chlebar, a
phregethu'n hunan-gyfiawn. Y di-briod yn dweud wrth barau priod
faint o deulu i'w gael; twrnai mewn tre'n pregethu perchentyaeth

i dyddynwyr. Ac i be? Does eisiau ond eistedd neu orwedd a mwynhau'r cread. Bwyd, diod, celfyddyd, caru. Felly y llefarodd Zarathustra! A'r haul. O'r haul; ffynnon pob nwyd! Fy nghorff i'n teimlo mor llonydd rŵan, pob gewyn yn llac, ddim yn teimlo o gwbl. Fel'na roeddwn i yn Grissau, môr fel arian byw, dim wybren—dim ond yr haul yn toddi i'r môr fel fy nghnawd innau i'r tywod. Popeth yn toddi'n ddifeddwl i'w gilydd, ac yn llifo'n ôl i'r haul. Gyda'r cyfnos, ei dwylo brown, a'r miloedd cen mân ar hydddynt, yn iro fy nghnawd llosg unwaith eto â'r *Ombre Soleil*. Corff ardderchog, y tu ôl i sbectol dywyll, a rhwymyn sidan pinc yn dal ei gwallt. Ffarwel y Bala (a Genefa!)—rwy'n mynd i'r seiat brofiad fawr: pysgod cregyn a *Chorbière;* cnawd ar dân a dim blinder. Mae'r dŵr yma'n dechrau oeri; gwell imi frysio imi gael sgwennu ati hi heno. Ar fy ngliniau; sbwng a sebon, fy wyneb, fy mrest a'm dwy ysgwydd—a thaflu tipyn drosodd i'r cefn. Ar fy nhraed ac at y cloaca. Duwcs, lle oer sy 'ma, faint ddalia i cyn mynd 'nôl i'r haul, tybed? I mewn eto a thynnu'r plwg efo 'nhroed. Does ar fy nghorff i ddim eisiau dŵad allan a fedra i mo'i berswadio o i wneud nes yr eith y dŵr i gyd allan a gadael cen hyd ochrau'r bath. Wedyn mi fydda i'n gorwedd mewn oerfel di-ras.

Dyna well, tywod ar waelod y bath. Eillio. Llyfn, llyfn-gwych. Ond tydi 'nannedd i'n edrych yn wyn rŵan, fel 'y mhen-ôl i? Mi ddylai'r stafell 'na fod wedi cnesu erbyn hyn.

Daeth yn ôl i'r ystafell fyw, edrych ar y silffoedd yn fodlon, ac yna cododd y gostrel o *Ombre Soleil* a throi yn ei unfan gan ei dal o'i flaen fel drych. Yr oedd yn gwenu fel cath. Eisteddodd wrth y bwrdd, symudodd y teipiadur a'r llawysgrifau o'r neilltu, a dechreuodd sgrifennu llythyr:

Yr Hen Wlad,
Hydref 1af, 1963.

Annwyl Rhiannon,

Newydd gyrraedd yn ôl. Wyddost ti 'mod i'n medru dy weld ti rŵan—drwy'r ffenest yna a agoraist ti yng nghragen fy enaid, a chlywed sŵn y môr yn f'anwesu i o bell. Am y tro cynta yn fy mywyd dwi wedi teimlo agosrwydd deifiol person arall. Tu draw i'th dalcen llydan, hardd, a'th drwyn synhwyrus a'th lygaid ysol—tu draw i'r rhain i gyd mae yna rywun rydw i'n meddwl 'mod i'n dechra ei hadnabod.

Rhiannon, ydi hyn yn wir? Gobeithio fod yr hadyn am dyfu. Paid â'i adael ar Fistral!

Roedd y daith yn ôl yn . . .

*

Roedd croen ei dalcen yn dynn a'i wddf yn gras. Agorodd ei lygaid ac edrychodd ar y bwrdd gwisgo i weld faint oedd hi o'r gloch. Deng munud i wyth. Dyna'r gostrel *Ombre Soleil* ddiawl yna y tu ôl i'r cloc larwm. Fel hyn roeddwn i ar ôl i 'mrawd farw: wedi cysgu yn fy unfan a'm nerfau'n gignoeth. Dyna fi'n crynu, ac mi fydd 'y nhrwyn i'n cau cyn bo hir os na choda i. 'Tasa hi'n ddiwrnod gwaith hyd yn oed. Be wna i drwy'r dydd? Y tân nwy ymlaen a'r pot coffi arno. Sbaenwr. Guernica! Dria i record Berlioz? Na; rhy beryglus. Y radio: tywydd ac ystadegau am y di-waith. Damia nhw i gyd. Diolch i Dduw na wnes i ddim meddwl gormod neithiwr beth bynnag. Cariad yn ddiamod, medden nhw, yn llifo lle y myn. Ych-a-fi! Be sy gan yr hen Zarathustra i ddweud rŵan, tybed? Mae'r gwynt wedi codi; mae'n debyg fod y tonnau yna fel dreigiau wrth iddyn nhw dorri ar y creigiau acw'r bore 'ma. Be 'di'r ots? Coffi du amdani; chym'ra i ddim siwgr imi gael blas pridd. Gwrol ryfelwyr. Be sy gan y post ciaidd yna i'w ddweud heddiw? Darlith i'r *Cymmrodorion*: Llundain, wrth gwrs; pwy glywodd erioed am Gaesech? Gwyn wedi sgwennu o'r diwedd: 'Clywais iti gael amser difyr ar y cyfandir yn ystod yr haf a bod cyfathrach newydd a chyffrous wedi dod i'th fyd. Diau y rhoddi fanylion yn dy amser dy hun.' Roedd hi'n ddiawledig o ddeniadol. Be ddeuda i wrth bawb? Mi a'i allan am dro i'r diawl.

Mae'r clo yna wedi glynu eto efo rhwd. Am fflat. Mae hi'n pigo bwrw eto, cawod las—fel tosturi. 'Mor agos yw tosturi a dirmyg.' Eironi perffaith, hi'n dweud hynny am drafferth Gwilym yn ei llythyr dwytha—ond un. Bwndel twt rŵan, a'r rwber pinc yna amdanyn nhw. Y sgwennu bach yna a'r arddodiaid gwallus. Dyna fi'n iawn unwaith eto; mi ga i bregethu wrth rywun arall os nad wrthi hi.

Yr oedd y glaw wedi cronni yn ei glustiau, a bron wedi diffodd y tân yn ei feddwl erbyn iddo droi tuag adref. Ar ôl cyrraedd yno rhoddodd y pot coffi i ferwi ac estynnodd yr *Ombre Soleil* o'r siambr a'i roi ar y bwrdd. Eisteddodd, a chyda golwg gyfrwys fel cath ar ei wyneb, dechreuodd sgrifennu.

## YN EI BRYD

Hwn oedd y gwesty agosaf at yr ystafell-bwmpio. Ar un cyfnod dim ond y dyfroedd a yfid gan ei breswylwyr, ond daeth tro ar fyd ers dyddiau'r Brenin Edward. Ychydig cyn ei amser yntau y codwyd y lle yma, â'i wyneb tal, dau-bigog, y portico crand a'r gwaith haearn gyr uwch ei ben.

Ond mynd ar i waered yr oedd y Spa. Yn amser tad Brian, yr ail berchennog, yr oedd Llanwrtyd yn ei fri. Bu'n meddwl am y peth y bore yma wrth weld cyfrifon mor sâl oedd ganddo i'w gyrru i gyfrifydd y cwmni yn y Buallt. Dyddiau prysur gynt, eisoes yn dŵad i ben yn ei fabandod o. Ond cofiai ei rieni'n sôn am y cystadlu rhwng Llanwrtyd a Llandrindod fel canolfannau gwyliau i wrêng a bonedd. Aelodau Seneddol—a hyd yn oed aelodau o'r Cabinet, y Prif Weinidog ei hun, hoelion wyth y pulpud, esgobion, pendefigion y glo a phobl fawr o bob math yn heidio i'r canolbarth i brofi'r dyfroedd iachus. A Lloyd George yn sgwrsio efo 'Nhad, am fod ei wreiddiau o yng Ngarndolbenmaen. Dawnsio a chrwydro, gwledda a chynllwynio. Nid dim ond byddigions a ddôi chwaith. Tyrrai glowyr a siopwyr a ffermwyr o Abertawe a Chastell-nedd a'u cymoedd, o gymoedd Lliw a Dulais. Cyn hynny doedd Llanwrtyd fawr o ganolfan. Yr oedd ar lwybrau'r porthmyn gynt, o Henffordd i ogledd Dyfed, o ffeiriau Penfro i Ffair Barnet, ond nid oedd y porthmyn lorïol yma'n dŵad ar gyfyl y lle, wrth dramwy o Gwmystwyth, a heibio i Raeadr. Aeth Hanes heibio, o'r neilltu.

Dyn stwca, tua deunaw a deugain oed, oedd Brian James, yn smygu'n gyson ac yn gwaethygu'n amlwg. Roedd wedi colli'i wallt yn ôl hyd at ei gorun ac roedd hi'n hawdd gweld ei fod yn duo'i locsyn clust. Prin y medrai cegaid o ddannedd mor rheolaidd a gwynion fod yn eiddo naturiol iddo, ac roedd blew i'w gweld yn ei

40

glustiau a'i ffroenau. Gwisgai siwt lwyd a llinellau main cochion yn ei sgwaru'n batrwm siec, crys gwyn neilon a thei pilipala goch a smotiau gleision arni. Yr oedd ei esgidiau'n loywddu. Ymffrostiai'r Spa hyd heddiw yn ei wasanaeth ystafell. Ond nid hynny a ddenai'r rhelyw o'i gwsmeriaid erbyn hyn. Pysgotwyr a saethwyr yn dŵad at lannau Irfon a llethrau Epynt a Phumlumon yn y tymor, trafaelwyr masnachol yn dilyn llwybrau'r porthmyn fwy neu lai, a phobl o ganolbarth Lloegr ar eu ffordd i'w tai haf neu lety gwyliau yng ngogledd Dyfed. Ac yr oedd yna ambell i hen greadur yn dal i ddŵad am y dyfroedd.

Safai Brian ar ganol y mat oedd ar gyffordd y cyntedd a'r Swyddfa Groeso, yn prysur feddwl am ei drefniadau dros yr ŵyl, pan welodd gar Islwyn yn aros y tu allan. Diffoddodd ei sigarét—doedd dda gan Mrs Rowlands ddim mwg baco. Rhuthrodd i agor drws y car a helpu'r mab i gael coesau chwyddedig, afluniaidd ei hen fam allan. Aethant â hi i mewn i ystafell eistedd y preswylwyr, ac arhosodd Brian i sgwrsio efo hi tra aeth Islwyn i barcio.

Gwraig o fewn ychydig fisoedd i'w phedwar ugain oedd Mrs Rowlands, mam Islwyn, yn ferch y felin wlân tu draw i Bontrhydfendigaid. Ers deunaw mlynedd yr oedd hi'n dioddef yn enbyd o'r crydcymalau, a bron yn gaeth i'r gadair ers rhyw bump ohonyn nhw. Daliai i wisgo fel y gwnâi gynt ar Suliau ei phendefigaeth fel siopwraig gefnog; ei gwallt arian yn belen ar ei gwegil a dau grib bach ynddo; y mymryn lleiaf o bowdwr ar ei thrwyn a'i bochau pantiog, ffrog wlanen ddu hyd at ryw dair modfedd dan ei phenliniau, a llewys tri-chwarter iddi, a chameo alabastr o Roeges ar ei hysgwydd chwith. Gwisgai ei chôt ffwr gwiwer dros ei hysgwyddau yn y gwesty, ac roedd bandiau lastig i'w gweld am ei phenliniau. Yr oedd byclau gloyw ar ei hesgidiau duon, a'r du mor loyw â rhai Brian wrth i'r ddau ohonyn nhw syllu ar eu pedwar troed wrth ymyl ei gilydd rhwng eu dwy gadair: Brian mewn un ledr ddofn, ond Mrs Rowlands yn edrych i lawr arno o'i chadair uchel, gefn-galed, oedd â chlustog ar ei sedd.

'Ydach chi'n gyffyrddus fel'na?'

'Iawn diolch, Mr James, mor gyffyrddus ag y bydda i yn unman.'

'Ia. Gresyn garw. Sut mae'r hen esgyrn erbyn hyn?'

41

'Wel, does dim gwella i fod, yn nac oes? Dyw'r hen goesau fawr gwaeth, ond 'u bod nhw'n whyddi erbyn nos. Yr ochr whith 'ma sy waetha, a'r cefen. Ma hi mor anodd cysgu.'

'Ydi siŵr, ac eistedd. Ond rydach chi'n cadw'n dda fel arall?'

'Chi sy'n gweud. 'Sdim amcan 'da phobol sut wy'n teimlo. Ond 'na fe: mae Islwyn mor dda wrtho i.'

'Chi'n lwcus iawn. Mae o'n hogyn ffeind iawn.'

'Ry'ch chi wrthi'n fishi yn paratoi, sbo?'

'O na, ddim gormod. Ydach chi am ddŵad yma Dolig? Fe fyddai hi'n haws arnoch chi na thrio gwneud cinio gartre.'

'O, mae Islwyn a finne'n gallu shiffto'n iawn. Ond ry'n ni'n mynd at Mrs Richards, mae'n debyg, ddiwrnod Dolig. 'Son ni wedi penderfynu eto, ond mae'n bosib y down ni yma'r diwrnod wedyn, neu rywdro cyn y Calan o leia. Oes 'na lawer yn dod 'leni?'

'Rhyw Glwb Naturiaethwyr, ac un neu ddau o'r rhai lleol arferol, fel llynedd, a Mr a Mrs Wormsley—a Mr Vaughan y milfeddyg. Ac mae'r mab a'r ferch a'u teuluoedd yn dŵad hefyd.'

'Oes plant 'da nhw?'

'Oes, ond mae'r lleia'n naw erbyn hyn. Fydd y miri mawr drosodd erbyn ganol bore.'

'Da iawn. Dyma Islwyn o'r diwedd.'

'Cael trafferth parcio, Mam. Y'ch chi'n barod?'

'Hen barod.'

'Eisiau bwyd, rwy'n siŵr. Gadewch i minnau helpu.'

'Diolch, Mr James.'

'Wedyn mi a' i i nôl y sieri a'r lager arferol.'

'Diolch, Brian. Dyma chi, Mam.'

Eisteddodd yr hen wraig wrth y bwrdd, yn y gadair arbennig â'i breichiau pren, a dau glustog odani. Aeth y ddwy weinyddes yn ôl at eu gwaith a Brian i'r bar. Aeth Islwyn i'w gadair, gyferbyn â'i fam, ac yna ei symud hi'n ôl gan iddo fwrw ei phenliniau wrth eistedd. Yr oedd y bysedd main a'r ewinedd hollt yn agor napcyn bwrdd a'i osod ar ei harffed. Yr oedd eisoes wedi gosod ei menig a'i bag-llaw ar y gadair wrth ei hochr, ar ôl estyn ei sbectol.

'Mae hi'n glòs yma.'

'Ydi, yn enwedig wrth ddod o'r capel.'

'Smo'r gwresogydd 'na'n gweithio yn y car.'

'Does dim amser iddo fe dwymo ar daith fer fel yna.'

'Pe baet ti'n mynd i'r capel gynta, fydde'r car wedi twymo eisoes.'

'Fydd dim raid ichi ddiodde fawr hirach, efallai.'

'Sut?'

'Dyma'ch sieri chi, Mrs Rowlands.'

'O diolch, Mr James. Mae e'n gwneud daioni i fi, medden nhw.'

'Ydi siŵr. Iechyd da!'

Gwyliodd Islwyn y sieri'n cael ei ddrachtio'n ofalus, rhwng gwefusau crychog ei fam. Gwell sieri na'r hen un Seisnig yna a werthid ganddo yn y siop. Roedd y diferion lleiaf yn sgleinio ar fanflew ei gwefus uchaf.

'Be gym'rwch chi? Mae 'na gawl llysiau neu gynffon eidion.'

'Be sy wedyn?'

'Porc rhost neu gyw iâr.'

'Y cawl eidion 'na, a chig porc.'

'Chym'ra i ddim porc heddiw. Mae yna datw, pannas a phys.'

''Sdim 'da fi i'w weud wrth gyw iâr, chwaith. Fawr o newid o wythnos i wythnos yma.'

'Be sy i'w ddisgwyl? Does dim llawer yn gallu fforddio bwyta mas y dyddiau hyn.'

'Mae 'na ddigon yn mynd i'r Bingo.'

'I geisio ennill mwy.'

'Mae pobol yn 'i chael hi'n rhy hawdd i beidio gweithio. Gweithio a gweithio 'nes i erioed, gartre ac yn y siop, a does ryfedd i fi gael y gwynegon. Odi'r James 'ma'n prynu tipyn 'da ti nawr?'

'Mae e'n cael 'i stwff drwy'r cwmni, o wahanol gyfanwerthwyr. Chi'n gwybod hynny.'

'Mae e'n goffod cael rhyw bethau bach ar frys yn lleol.'

'Wel, mae e'n gwneud 'i ore, ac yn trio prynu rhywbeth bach gan bawb. Mae hi'n anodd plesio pobun.'

'Dyna beth yw byd busnes, Islwyn. Does dim lle i chwiw na mympwy. Dim politics nac enwadaeth, na ffafrio neb, cofia. Rhaid iti wylio 'da'r Clwb Cinio Cymraeg 'na. Mae 'na rai'n 'i weld e'n od dy fod ti'n mynd yr holl ffordd i Landyfri i beth fel'na. On'd oes 'na Ford Gron fan hyn?'

'Yn Saesneg maen nhw'n cwrdd.'

'Yn Saesneg y gwnes i—a dy dad—ein harian hefyd, cofia.'

'O, peidiwch ag achwyn yn dragwyddol, Mam. Bennwch eich cawl, da chi.'

Ar ôl gorffen y prif saig a dewis pwdin, ymesgusododd Islwyn i gael mynd i'r tŷ bach, yn ôl ei arfer. Câi fodca sydyn gan Brian yn ei swyddfa, am nad oedd y cyfuniad yna'n gadael ôl ar yr anadl. Tybiai ei fam mai arwydd o heneiddio oedd ei fethiant i ddal ei ddŵr, a theimlai'n sicrach ohono o'r herwydd. Yn amlach na pheidio, byddai un o'r gweinyddesau yn mynd ati hi i adrodd ei chlecs, neu'r rhai yr oedd yr hen wraig am eu clywed, gwir ai peidio.

'Y lager 'na eto, Mam!'

'Ie. Mae'r darten 'ma'n ffein, a'r hufen yn ffres heddiw.'

'O'r siop, fyddwch chi'n falch o glywed, Mam.'

'Ie, wir.'

Yr oedd y pryd yn dechrau dirwyn i ben. Pryd dyletswydd. Ei orchwyl wythnosol. Rhyw egwyl fach iddyn nhw ill dau oddi wrth y rhygnu beunyddiol, beunosol. Ei fam yn cael tendans gan rywun heblaw'r Cymorth Cartref, y Nyrs Leol, Mrs Jones dros y ffordd. Ac yntau'n cael dod mas o leiaf, a chael rhyw lymaid bach. Dim byd i'w gymharu â chinio'r Clwb, ac yn hollol wahanol, wrth gwrs, i'r prydau yn nhŷ Buddug. On'd oedd ei holl fywyd fel pe bai'n ymwneud â bwyd: yn y siop, wrth ddarllen *Y Groser*, ac yn hwylio hambwrdd brecwast Mam, neu'n gweithio swper iddyn nhw ill dau. Fel hyn, ers yr holl flynyddoedd. Un ddihangfa arall oedd ganddo, ar wahân i'r Clwb Cinio—a Buddug, wrth gwrs—sef Clwb y Lleng Brydeinig. Buasai ei dad yn llywydd am flynyddoedd, ac roedd hi'n anodd i'w fam warafun iddo'i ddwy noson o bwyllgora neu chwarae, neu ambell drip pan fyddai'r tîm yn chwarae i ffwrdd. Deuai Mrs Jones i garco Mam, a rhoi hanes y capel a'r W.I. iddi, a gwylient ychydig ar y teledu—peth na wnâi hi bron ddim yn ei ŵydd e, ar wahân i raglenni gyda'r nos ar y Sul. Ond mynnai ei fod yntau'n colli'r ffilm ac yn gwrando ar *Rhwng Gŵyl a Gwaith*, a byddai hithau'n hel achau a hanes bron bob cyfrannwr.

Is-gapten y tîm snwcer oedd Islwyn. Fawr o feistr ar filiards ond yn gallu potio'n dda a thynnu'r wen yn ôl neu roi ochr iddi'n feistrolgar. Bu'n gweld Fred Davies yn Abertawe flynyddoedd yn ôl. Hwnnw oedd ei arwr. Brêc o 83 wnaeth o'r noson honno: saith

44

coch a du, a chlirio'r bwrdd. Byth ers hynny, gwisgai Islwyn wasgod a dolenni aur yng nghyffion ei grys wrth chwarae; ac yn y siop yn wir, gyda'r ffedog wen o'i flaen, fel un ei dad.

Ond fel y gwyddai Brian, a neb arall bron, swper nos Sadwrn—pan oedd ei fam yn meddwl ei fod mewn cyfarfod o'r Siambr Fasnach gydol yr hwyr—dyna uchel fan yr wythnos i Islwyn. Y cof am neithiwr oedd wedi ei gythryblu heddiw, a'i wneud yn fwy cynhyrfus nag arfer yng ngŵydd ei fam. Yr oedd bron yn adeg rhoi gwybod iddi. Syllodd i'r te'n troelli yn ei gwpan wedi i'r siwgr hen orffen toddi . . .

*     *     *

Mewn siop flodau yr enillai Buddug ei thamaid, ond gartref y llafuriai hi galetaf—fel Islwyn, yntau. Yr oedd hi'n ei adnabod ers dyddiau ysgol. Edrychai'n aml ar yr hen lun ysgol lle'r oedd e'n sefyll dair rhes tu ôl iddi hi, a hithau'n swatio tu ôl i'w hoff athrawes—yr un goginio a gwnïadwaith. Ei ben rhyw fymryn ar gam yn y llun, er na allai hi fyth benderfynu p'run glust a ph'run lygad oedd uchaf. Gwallt blêr oedd ganddo'r adeg hynny, ond roedd y tonnau ynddo fe erioed. Erbyn hyn roedd y gwallt wedi britho rhyw fymryn lleiaf y tu ôl i'w glustiau, ac os byddai e heb eillio! Ond roedd ei aeliau'n dal yn hollol ddu a thrwchus. Roedd hi'n mwynhau tynnu'i goes e ynglŷn â'r traed brain bach pert 'na o gwmpas ei lygaid, ond doedd e ddim yn rhy hoff o siarad am bethau fel'na. Yn enwedig pan fyddai hi'n ei atgoffa fod yr hen graith 'na ar ei dalcen yn graddol ddod i'r golwg; craith y cwymp oddi ar ei feic ar riw'r felin, wrth ddod o'r ysgol. Cymerai ofal mawr o'i wallt, gan ei seimio'n llyfn a thrwsiadus, a mynd at Wmffra i gael ei dorri'n rheolaidd bob pythefnos, yn hwyr ar fore Llun. Roedd toriad ei ddillad yn drwsiadus hefyd. Bob amser â choler a thei a chrys golau, a siwt ar wahân ar gyfer nos Sadwrn. Fe wyddai hi, rywsut, fod pethau'n mynd i fod yn wahanol, hyd yn oed fore ddoe.

Syllodd y gyrrwr bws arni am nad oedd ganddo fawr arall i'w wneud. Yr oedd aelodau a chefnogwyr y tîm wedi mynd am wagiad. Merch fain, fer oedd hi, braidd yn ddi-lun ond â rhyw sbonc i'w symudiadau. Gwisgai sbectol haul a lithrai i lawr ei thrwyn, ac roedd ei phais fymryn yn y golwg dan ei chôt law. Yr oedd golwg addfwyn arni, ond ei bod ar ryw frys gwyllt. Syrthiodd ei bag o'i llaw wrth iddi geisio stwffio'i menig iddo, y tu allan i'r siop nwyddau cyffredinol. Wrth ei godi, edrychodd o'i chwmpas fel anifail yn ofni mynd yn ysglyfaeth ei hun wrth chwilio'i damaid mewn dryswig o fyd. Yna aeth i mewn i'r siop.

Prynodd Buddug gennin, pecyn o reis Wncwl Ben ac un pecyn o olwythau porc wedi'u rhewi, chwarter o ham oer a thun o gawl madarch trwchus. Câi Islwyn rywbeth newydd heno, diolch i'r cylchgrawn 'na: Wyau Môn i gychwyn, ac wedyn y *casserole* porc a reis, a'r *syllabub* yr oedd hi wedi ei weithio neithiwr a'i guddio y tu ôl i'r bowlen *prunes* yn yr oergell! Cymerodd ei gwynt yn ddwfn a gofyn i Mr Roberts am botel litr o win rhosyn heddiw, yn lle'r un gyffredin arferol. Chwarae teg iddo, ei unig ymateb oedd dyrchafu'r mymryn lleiaf ar ei ael chwith wrth ddiolch iddi. Talodd am y cwbl â siec, a'i hysgrifen fechan ychydig yn grynedig. Cafodd hi'n ôl, ac aeth yn chwys drosti mewn chwinciad. Ond wedi rhoi dyddiad yfory yr oedd hi. Brysiodd adref. Yr oedd hi a'i mam am gael yr ham a'r salad a bara menyn i ginio. Byddai'r bobl yna'n dod yn gynnar heddiw, tua hanner awr wedi dau, ond wedi addo peidio â dod â hi'n ôl tan tua 10.30 fel arfer. Chwarae teg iddyn nhw. Yr oedd yna werth mawr mewn cymdogaeth dda, a bod yn aelod o gapel.

Cyrhaeddodd ei chartref a gweiddi o'r cyntedd ar ei mam wrth fynd â'i nwyddau i'r gegin. Cuddiodd y botel win yn y twll dan grisiau fel arfer. Dim ond sieri yr oedden nhw'u dwy yn ei yfed. Yna'n ôl i'r parlwr bach lle'r oedd gwely ei mam ers dwy flynedd. Yr oedd yr hen wreigan bron â gorffen gwisgo'i ffrog orau. Caeodd Buddug y sip yn y cefn, gan rybuddio'i mam rhag yr oerfel. Wedyn gwisgodd yr esgidiau mawr â leinin gwlân am y traed esgyrniog y bu hi'n tocio'r ewinedd neithiwr. Aeth Buddug yn ôl i hwylio cinio iddyn nhw, a chawsant yr ham a thomato a phaned boeth. Erbyn iddyn nhw orffen gwisgo'i chôt fawr amdani yr oedd y bobl wrth y drws. Rhoddodd Buddug sws ar foch ei mam a chanu'n iach am ryw wyth awr o leiaf. A thra byddai'i mam yn mwynhau cwmni eraill o'r un oed ond o ardaloedd eraill yn y cylch, byddai Buddug yn coginio ac yn croesawu'i chariad i'w chartref.

Dyn sylweddol, yn berchen siop—neu i'w hetifeddu, o leiaf. Yn aelod o'r Ford Gron a sôn y byddai'n flaenor, os nad yn Ynad

46

Heddwch, ryw ddydd. Dyn smart, del, a oedd yn ofnadwy o garedig wrth ei fam. Y math o ddyn y breuddwydiai amdano yn dad i'w phlant pan fyddai hi'n darllen straeon rhamantus wrth fwyta'i hafal a'i brechdan amser cinio yng nghefn y siop gyntaf y bu hi'n gweithio ynddi erioed. Bu ei golygon arno ers hynny, tua deunaw mlynedd yn ôl erbyn hyn. Ac yr oeddyn nhw'n ffrindiau agos ers yn agos i dair blynedd ar ddeg. Fe ddeuai eu cyfle nhw ryw ddydd. Fyddai yna ddim plant bellach, a hithau'n tynnu am ei deugain—o fewn rhyw ddwy flynedd. Ond, wedyn, ar ôl yr hir ddisgwyl, doedd hi ddim am rannu Islwyn pan fyddai hi'n ei gael e iddi'i hun o'r diwedd, ar ôl i'w fam farw. Roedd dyn oedd yn garedig wrth ei fam yn siŵr o fod yn garedig wrth ei wraig hefyd. Priodas fach dawel—siwt lwyd olau a het bach yn glòs wrth y pen, gyda Leusa'n forwyn, yn gynnar un bore o'r wythnos a dim ond y chwech ohonyn nhw yn y capel. Fyddai yna ddim trafferth gyda Mam; pe bai hi'n adnabod Islwyn yn iawn fe fyddai hi wrth ei bodd gydag e fel mab-yng-nghyfraith. Roeddyn nhw wedi cyfarfod unwaith neu ddwy ac wedi ymateb yn dda i'w gilydd ond doedd hi ddim am i'w mam hel meddyliau a chael ei styrbio o feddwl ei bod am golli ei hunig ferch yn awr ei hangen. Na, roedd yna ddigon o amser. Fuo 'na erioed frys gwyllt ac awch am ddynion ynddi. Yr oedd yr wyau'n berwi'n braf a hithau wedi eu bwrw'n ysgafn er mwyn gadael y gwynt i mewn i'r masgl wrth iddo oeri. Gwisgai Buddug ffedog blastig a llun merched bach Victoraidd, diniwed yr olwg, arni. Hen het ei mam oedd am ei phen. Fe wnâi'n iawn i rwystro'r arogleuon coginio rhag glynu wrth y lacer yr oedd y ferch trin gwallt wedi ei roi ar ei thoriad byr, agos at y pen; toriad oedd yn gweddu i'r dim i'w phen bychan a'i gwallt tenau.

Teimlai yn falch fod y tywydd mor heulog a sych, er mwyn i Mam gael trip da. Chwarae teg, roedd y ddwy ohonyn nhw'n mwynhau bywyd. Enillodd Mam bedair punt yn y Bingo pwy noson! A Buddug druan wedi colli 40c. Cynigiodd ei mam y deugain ceiniog iddi, ond colli yw colli. Yr oedd y ddwy'n ei chael hi'n eithaf da, ac yr oedd y pensiwn bach yna oedd yn dal i ddod oddi wrth y Rheilffyrdd ar ôl Dad yn help mawr. A bod Mam wedi gorffen talu am y tŷ ag arian Mam-gu.

Cyn mynd am fath fe dorrodd y madarch a'r wynwyn a thrin y cig, a glanhau'r cennin. Gosododd y bwrdd bach cardiau ger y ffenestr yn yr ystafell fyw, a dwy gadair gyferbyn â'i gilydd. Anadlodd ar y gwydrau wrth eu sgleinio a rhoi napcyn bwrdd papur i'r ddau ohonyn nhw. Yr oedd yna ddolen napcyn hyd yn oed i Islwyn—hen rai na ddefnyddid fel arfer. Caeodd y llenni gan y byddai'n dywyll erbyn iddo gyrraedd. Ac i fyny'r grisiau â hi.

Tynnodd amdani yn ei llofft a lapio tywel amdani, fel y gwnaent yn y ffilmiau ac ar y teledu. Aeth i mewn i'r stafell 'molchi fechan, glyd. Rhoes gap plastig am ei gwallt a suddo'n braf i'r bath swigod, i gael gwared â chwys yr wythnos a'r arogleuon coginio a lynai wrthi. Ymlaciodd yn braf a gwrando ar Radio 2 ar ei thransistor bach—yr un a gafodd hi ganddo Dolig llynedd. Yr oedd ei byd yn fêl, fel bob nos Sadwrn. Mam yn mwynhau ei hun, wythnos o waith drosodd ac Islwyn ar fin cychwyn ati. Wrthi'n eillio nawr, efallai, neu'n clymu'i dei. Feiddiai e ddim dod â'i gar gan mai dim ond i'r Neuadd yr oedd ei fam yn meddwl ei fod e'n mynd. Dyma hwyl! Tynnodd y plwg a sychu'i hun yn frwd wrth i'r dŵr ddiflannu. Yna, yn ei thywel a'i chap a'i slipanau tylwyth teg, glanhaodd ei dannedd a rhoi'r plât bach yn ei ôl. I'r llofft, a chwistrellu'r persawr *Annwyl* a gafodd hi gan ei mam rhwng ei bronnau a gwrth-chwysydd dan ei cheseiliau. Gwisgo'i dillad isaf neilon, oedd ag ymylon fel les. Yn ôl â'i chôt nos laes eto, ac i'r gegin i ddechrau coginio'r *casserole*. Wedi'i gael i'r ffwrn, aeth yn ôl i ymbincio a gwisgo'i ffrog ysgafn eang ei godre, a syrthiai i blygion ei mynwes a'i chluniau wrth iddi symud neu eistedd. Tynnodd ei chap, a brwsio'i gwallt yn ôl ar ei gwegil. Yna rhoddodd y cap yn ei ôl drosto'n ofalus, a mynd i lawr yn ei slipanau, gwisgo'i ffedog a gorffen gweithio'r bwyd. Golchai bob llestr wrth ei roi heibio—doedd hi ddim am docio dim ar eu hamser heno. Câi'r gwin aros, fel arfer, i Islwyn ei agor. Yr oedd hi bron yn hanner awr wedi chwech, a byddai wedi gadael ei dŷ erbyn hyn. Estynnodd y botel a thywallt dau wydraid o sieri Mosaic yn barod i'w groesawu.

Pan gyrhaeddodd Islwyn, yr oedd mwy o ôl cynnwrf arno nag arfer—roedd yn gwrido fymryn ac roedd chwys ar ei dalcen a'i wallt heb fod yn union fel un Clarke Gable. Ond dywedodd fod popeth yn iawn wrth roi sws bach iddi a thynnu'i gôt. Yr oedd ganddyn nhw deirawr a hanner cyn y dychwelai Mam, yn ôl y cytundeb! Yr oedd gwadnau traed Buddug yn adlamu wrth iddi adael ei sieri a mynd i goginio'r cennin a'r saws caws a'r reis. Gwrandawai yntau ar hanes chwaraeon y dydd â'i draed i fyny ar y pwffê. Nid oedd wiw gofyn iddo dynnu'i siaced frethyn na'i dei. Yr oedd yna ffurfioldeb angenrheidiol yn eu gwledd ddefodol, wythnosol. Gwledd a gadwai'r ddau i fynd.

Eisteddent yn wynebu'i gilydd wrth fwyta'r saig gyntaf, a'r lliain yn cuddio'u cluniau'n llwyr. Yr oedd eu hesgidiau'n cyffwrdd. Yng ngolau'r gannwyll, a chyda chefndir isel o Mantovani ar Radio 2, yr oedd hi fel golygfa o ffilm yn y pum-degau. Drachtiai Islwyn ei win yn fwy helaeth nag arfer, a cheisiodd hithau gadw i fyny ag e.

'Mae hwn yn dda iawn.'

'Ti'n lico'r blas caws arno fe?'

'Ydw i. Beth yw e?'

'Wyau Môn. Ges i'r rysêt yn *Y Wawr*. Cennin 'di ffrio; wyau 'di berwi'n galed a saws caws.'

'Saws caws? Neis iawn. Ti'n moyn mwy o fara?'

'Dim nawr, diolch, Islwyn. Wy'n mynd i orffen y coginio.'

Â hi yn y gegin eto, aeth ei feddwl e'n syth at y posibilrwydd syfrdanol y gallai ei flynyddoedd o gaethiwed, o dwyllo a dweud celwyddau, o fustachu i ofalu am hen wraig hanner orweiddiog, boenus ond diserch, y gallai hynny i gyd fod ar fin dod i ben—am gyfnod, o leiaf. Yr oedd y nyrs wedi siarad gyda Dr Gillespie a hwnnw wedi galw Dr Griffiths, yr arbenigwr o Ysbyty Dewi Sant, ati. Wedyn daeth y ffôn yna iddo fe alw yn y feddygfa, pryd y cafodd wybod eu bod nhw'n meddwl anfon ei fam i'r ysbyty am gyfnod o driniaeth ac arfarnu—'er ei lles hi'i hunan, iddi gael ffysiotherapi a thriniaeth frwd' ac ati. Doedd e ddim wedi dod dros y sioc eto. Beth ddywedai Mam?

Daeth Buddug yn ôl a llanwodd yntau eu gwydrau wrth iddi hi ddosbarthu'r cig a'r reis a'r gwlych yn llawn wynwyn a madarch. Roedd eu haroglreuon yn hyfryd. Er gwaethaf ei bryderon, gwenodd Islwyn yn hunanfodlon arni, ac ymestyn y mymryn lleiaf ar ei goes dde. Cyffyrddodd croth ei goes â'i chrimog chwith hi. Edrychodd hi i fyny'n ddiniwed annwyl oddi wrth ei gorchwyl, ac yna estyn ei blatiad helaeth iddo ac yfed i'w iechyd unwaith eto. Gadawyd y coesau ynghyd. Yr oedd y ddau am y gorau i estyn halen a menyn i'w gilydd, a Buddug fel pe bai hi'n fyr o wynt.

'Sut fuo hi yn y siop yr wythnos yma?'

'Eitha prysur. Hel stoc at y Dolig o hyd. Dwi wedi gosod y bisgedi a'r craceri a'r blychau siocled allan yn barod. On'd oes yna lorri acw bob dydd bron. A thithau?'

'Sâl iawn. Pethe'n mynd i lawr yn arw gyda'r chwyddiant 'ma. Does neb bron yn mo'yn blode'r dyddie hyn. 'Sdim rhamant ar ôl,' meddai, â'i llygaid yn serennu. 'Dim ond gwerthu at angladde y'n ni. Plethu gwifre torchion, a mwsog a rhedyn i mewn iddyn nhw, a dail ffynidwydd a chelyn hefyd. A blode carnasiwn a ffárwel haf— ond cofio peidio byth â chymysgu coch a gwyn!'

'Ie. Rhai coch a gwyn a phinc oedd ar un Mam a finne i 'Nhad.'

'Ie? Mae e'n iawn os oes 'na liw arall hefyd. Pinc neu felyn neu rywbeth. Ond mae'r prisie wedi mynd dros ben llestri nawr. Manteisio ar bobl mewn profedigaeth, na allan nhw ddim peidio â phrynu. Er bod llawer yn dewis tusw yn lle torch erbyn hyn, a lot yn gofyn am yr arian at y galon neu'r canser.'

'Mae hi'n galed ar bobun. Fe ddaeth Jinny 'cw'n ôl i'r siop fis Medi a rhoi'r bychan yn yr ysgol feithrin er nad yw e ond prin allan o'i gewynne. Ond nawr mae honno wedi gorfod cau o achos coste.'

'Be wnaiff hi nawr, druan?'

'Wel, mae hi'n gobeithio cael 'i mam i ddod ati i aros am sbel. Mae hi'n arfer dod adeg Dolig ta beth—o Bennal. Ond ar hyn o bryd mae'r groten fach yn chwarae yn y stordy yng nghefn y siop.'

'Be wedai dy fam?'

'Y nefoedd a ŵyr!'

'Fe ddaw hi i wybod, sbo. Mae rhywun yn siŵr o gario clecs iddi.'

'Efallai. Ond does neb wedi clywed am ein swperau bach ni!'

'Am wn i.'

'Mae 'da pobl ddigon o bethe eraill i wneud adeg Dolig o leia.'

'Fydde dim cymaint o ots 'da fi tae Mam yn clywed, ond am dy fam di . . .'

'Efallai na fydd hi ddim acw i glywed.'

'Islwyn! Am beth i'w weud!' Aeth gên, dwylo, cyllell a fforc Buddug i lawr, a lledodd canhwyllau'i llygaid i'r eithaf. 'Dyw hi ddim yn hwylus?'

'Na, na. Nid dyna o'n i'n 'i feddwl.' Yr oedd e wedi bod mor ffôl
â stwffio rhagor i'w geg wrth ddechrau torri'r newydd, ac yn
methu'i lyncu'n ddigon sydyn. 'Doctor wedi bod ati, o'r ysbyty . . .
Nid fi alwodd e . . . Nyrs Hughes wedi cael gair gyda Dr Gillespie.
Dyna sut y dechreuodd pethe.'

'Dechre be?'

'Maen nhw'n gweud fod angen cyfnod mewn ysbyty arni—fod
rhaid iddi fynd, i gael rhyw brofion a thriniaeth frwd—ffysiotherapi
a rhyw bethe fel'na. Mynd i ryw bwll ymdrochi yn dwym braf, ac fe
wedodd y nyrs na fydde hi ddim yn beth drwg i fi gael hoe fach.'

'Na fydde wir. Ond be mae hi'n feddwl?'

''Sdim amcan ganddi eto. Wy'n mynd i weud wrthi fory, ar ôl
cinio.'

'Pob lwc iti, Islwyn. Ond pryd fydd raid iddi fynd i mewn?'

'Gynted ag y gallan nhw gael lle iddi. Cyn Dolig, o bosib!'

'Bois bach! Be wnaet ti wedyn, dros y Dolig?'

'Aros gartre.'

'Fe fydd hi'n anodd iti ddod 'ma ryw lawer. Ond fe fase hi'n braf
iawn dy gael di.'

'Efallai y doi di draw acw.'

'O, 'na syniad! Ond fydde fe ddim yn rhyw weddus iawn i fi alw
arnat ti, a phobl yn gwybod fod dy fam yn yr ysbyty—a fydde ddim
gobaith cuddio'r peth yn y stryd yna. Trueni. Gaiff hi sioc ofnadwy.'

'Fydd hi'n siŵr o feddwl 'mod i wedi cynllwynio'r holl beth.'

'Druan ohonot ti. Ti'n 'i chael hi'n anodd. Cymer ragor o gig.'

Llanwodd yntau eu gwydrau tra oedd hi'n crafu'r *casserole* yn
fyfyrgar. Fe âi'r litr yn hawdd, mae'n amlwg.

Bu ysbaid heb ddim siarad, â'u llygaid ymhell, bell. Yr oedd eu
coesau wedi cilio. Gan gadw'i ben yn ei blât, chwiliodd coesau
Islwyn am ei rhai hi. Cododd ei golygon a gwenu'n ddengar arno
nes cael ateb gan ei lygaid . . . Gwthiodd ei bysedd ar draws y
bwrdd ac i'w law chwith, a'i thynnu oddi wrth ei fforc. Yr oedd
ychydig o gryndod yn ei dwylo. Pinc oedd ei ffrog, a blodau bach
piws arni. Cofiodd iddi esbonio iddo mai merch lwyd neu frown
neu las oedd hi, wedi iddo roi sgarff emrallt iddi un pen blwydd. Yr
oedd ei mynwes yn ymchwyddo'n gyflym braidd, a'r bronnau bach
cadarn yn symud i fyny ac i lawr o fewn y deunydd tyner. Daliodd

51

hi ei lygaid a gwridodd y ddau. Gwasgodd fymryn ar ei law a gwenu'n hynod. Roedd ei gwefusau fymryn ar agor ac yn llaith. Gallai weld blaen cul ei thafod yn gorwedd ar ei dannedd isaf. Yr oedd hi wedi gofalu'n ddiwyd am ei dannedd; un o'i gweddau mwyaf deniadol. Clustiau braidd yn fain oedd ganddi, ac fe hoffai Islwyn gael gwared ar y smotyn bach coch oedd ar flaen ei thrwyn. Ond yr oedd hi'n ddeniadol. Doedd e ddim wedi sylwi arni mor fanwl ers tro byd.

Yr oeddynt wedi gorffen y bwyd twym, a doedd hi ddim yn rhyfedd iddynt godi o'r ford gyda'u gwydrau, i gael hoe fach cyn y pwdin. Gwelai yntau yn ei llygaid fod rhywbeth wedi ei gynnau ynddi. Cyffyrddodd eu gwydrau, plethodd eu breichiau ac ymffurfiodd llwncdestun ar eu gwefusau heb i'r naill na'r llall yngan gair. Arweiniodd hi e at y soffa ger y tân ac eistedd yn ei gesail. Rhoddodd ei fraich chwith am ei hysgwyddau, a hithau ei gwydr yn ei llaw chwith. Gorweddai ei llaw arall yn y cafn rhwng eu cluniau. Yr oedd hi'n arfer ganddyn nhw eistedd a swsian fel hyn, ac edrych ar y teledu. Ond roedd goslef wahanol i bethau heno.

Drachtiodd y ddau weddill eu gwin a rhoi'r gwydrau ar y llawr ar bwys y soffa. Ciciodd hi ei hesgidiau i ffwrdd a phlygu'i phenliniau dani a throi tuag ato. O'r diwedd, cododd yntau ei gên yn dyner a'i chusanu. Ac am y tro cyntaf erioed fe deimlodd wefr oedd yn drech na'i wedduster. Ymwthiai tafod Buddug i mewn dan ei wefusau, gan anwesu rhyngddyn nhw â'i ddannedd. Cyn hir yr oedd eu cegau'n un cafn o synwyrusrwydd a thrachwant. Gorweddai'r ddau ynghyd ar y soffa, a'u breichiau'n cydio'n dynn yn ei gilydd, ei rhai hi am ei wddf e. Clywodd hi'n sibrwd ei enw, megis i'r gwagle, ac yn tynnu'i law at ei bron. Crwydrodd ei law ar hyd ei chorff, fel gwifren fyw, ond heb fynd o dan ei dillad. Gallai ei theimlo'n gwthio'i hunan yn erbyn cadernid rhyfeddol ei gorff. Doedd hyn ddim wedi digwydd iddo ers dros ugain mlynedd, a theimlai ryferthwy o nwyd fel pe bai am ei feddiannu a'i hyrddio ar ryw draeth dieithr. Meddyliodd am ei fam, a daeth yn araf ymwybodol o'u hanadlu gwyllt, a phigau mân yn ei fraich chwith. Yr oedd ei hwyneb hi'n dal at i fyny a'i llygaid ynghau. Tynnodd hi i'w fynwes a chofleidio'i phen. Yr oedd hi'n dechrau wylo, ond wrth iddo godi'i phen gwelai nad dagrau tristwch oeddyn nhw—os nad hiraeth am rywbeth nas cyflawnwyd dros y blynyddoedd.

'Well i fi fynd.'

'Mae hi bron yn ddeg. Gym'ri di bwdin a phaned fach?'

'Well i fi beidio. Fe ddaw cyfle eto, Buddug.'

'Daw. Be 'di'r ots tawn i'n mynd acw Dolig, a dy gael di yma? Fe alla i weud wrth Mam.'

'Be! Dweud wrthi amdanon ni?'

'Pam lai? Fydd raid iddi wybod, mwyach. Alli di ddim bod ar dy ben dy hun, a dim ond stelcian yma ar nos Sadwrn. A beth bynnag, wy i am weud. Fe ddeallith Mam yn iawn.'

'Dy fam di, efallai.'

''Sdim pwynt iti drio gweud wrth dy fam di bellach, nag oes, cariad?' A rhoddodd ei breichiau am ei wddf a'i wasgu a'i gusanu fel pe baen nhw'n bâr priod newydd groesi trothwy eu cartref newydd.

## YR ESTRON

Cododd Brigid y tegell oddi ar y tân â chledr ei llaw, chwythodd y parddu o'i big a thywalltodd ychydig o ddŵr berwedig i'r tebot. Yna gosododd bedwar colsyn mawn ar yr aelwyd a rhoddodd y tebot i orffwys arnynt. Cododd oddi ar ei chwrcwd yn fodlon.

'Dyna ni. Fyddan ni ddim munud rŵan. Mae'n siŵr ych bod chi bron â llwgu ar ôl y siwrna hir yna. Well ichi fynd i mewn i'r siambar at yr hen wraig; mae hi wedi bod yn ych disgwyl chi fel tasa hitha ar fin marw.'

Plygodd Liam ei ben wrth fynd drwy'r drws i'r stafell arall, a phan gododd ei olygon—dyna Nain. Nain mewn cadair hanner-esmwyth, yn eistedd lle y dylai ei gwely fod. Rhyfedd, yntê: Nain mewn galar eto. Deuddeg o blant, tri yn America, dwy gartref, mab yn Lloegr, Mam yn y dref a'r gweddill, fel Taid, wedi mynd. Nid oedd yn rhaid i Nain brynu dillad galar. Roedd yr hen siôl wau ddu am ei hysgwyddau a'r conglau yn ei dwylo pleth. Dyna ddangos arbenigrwydd y dydd i Nain: dal y conglau yn ei dwylo, yn lle eu gwthio o'r ffordd i mewn i wregys ei sgert wlân.

'Nain!' Arswydodd am eiliad wrth ei gweld yn ymysgwyd a throi ei phen oddi wrth y tân; yr oedd arno ofn i'w hwyneb dorri'n deilchion wrth wenu croeso. Rhoes gusan iddi cyn eistedd a cheisiodd edrych yn drist.

'Y twrna wedi dŵad,' meddai ar ôl eiliad, a syndod a bodlonrwydd yn trawsacennu yn ei llais. 'Dyma chdi wedi cyrraedd o'r diwedd, Liam.'

'Do, Nain,' meddai yntau'n llywaeth.

Distawrwydd. Nain yn cofio'i eni, cofio'i dad druan, yn ddyn ifanc yr un oed ag ef, yn dod i chwedleua gyda Sali, ac yna'r aberth a gawsant i gyd—hi a'i gŵr a Sali—i wneud cyfreithiwr ohono, er ei

54

waethaf. Cyfreithiwr. Y cyntaf yn y teulu, ac un o'r pethau gorau ar ôl offeiriad. Mor falch oedd ei daid ohono; er iddo ffromi lawer tro wrth glywed fod Liam yn gwastraffu ei amser yn y dref fawr yna, yn mynd i weld dramâu a rhyw bethau felly. Ond dyma fo'n dwrnai rŵan, o'r diwedd, a heddiw roedd o'n ôl yma yn ei gôt ddu hardd i gario'i daid.

'Wyt ti wedi dŵad ar dy ben dy hun, 'ngwas i?'

'Naddo, Nain. Mae Mam wedi aros am ychydig yn nhŷ'r 'ffeirad.'

'Sut mae hi rŵan?'

'O, eitha'n wir. Mae hi'n hoff o'i gwaith newydd.'

'A thitha? Wyt ti am ddŵad 'nôl i'r hen ardal ar ôl gorffen yn y swyddfa yna yn Nulyn? Mae digon o d'isio di yma—mi fydd yr hen McQuaid yn Cilgowla'n mynd cyn bo hir, a toes ganddo fo neb i'w ddilyn. Mi fasan ni i gyd yn falch ofnadwy ohonat ti. Mi dwi'n cofio dy daid yn deud unwaith . . .'

Mor od: geiriau'n cropian allan o geg Nain a'i hwyneb heb ystum bron. Roedd ei gwallt yn sgleinio yn ei wynder arian heddiw, a dagrau wedi deffro'i llygaid o'u pylni arferol, ond yr oedd ei bochau wedi suddo'n gydau llipa, yn crogi rhwng ei chlustiau a chonglau ei thrwyn.

'Ydw'n Tad, Nain. Ia'n wir. Fel'na mae hi, 'te?'

Trodd Nain ei hwyneb yn ôl at y tân wrth ailddechrau: 'Wyddost ti, mae hi'n beth eitha da, am wn i, i fynd i ffwrdd i'r trefydd mawr yna i gael gneud sgolor ohonat dy hun. Roedd hi'n werth yr holl aberth i brynu'r llyfra drud yna a dy gadw di. Chafodd dy daid a minna ddim hyd yn oed ddysgu darllen a sgwennu; dim ond dysgu sut i blethu cynffon caseg winau a lladd mawn, sut i bobi bara a gwau dillad babi. O, mae petha wedi newid! Does yna neb bron yn deud y llaswyr teulu ar ôl swper yn y trefydd yna medda Moira, gwraig Dominic Hernon, wrtha i. Dim poen na gwaith iddyn nhw, a gwario fel Saeson . . .'

Erbyn hyn yr oedd llygaid Liam wedi crwydro y tu ôl i'r hen wraig. Edrychodd ar y bwrdd. Yn lle'r hen radio fatri a sbectol Taid, yr oedd o'n llwythog heddiw o lestri glân, pibau clai a baco, a photeli o wisgi Jameson, i gyd ar gyfer yr wylnos. Y tu ôl i'r bwrdd, ar y mur, yr oedd crog blastig yn gwenu ar y lluniau o Mair a Joseff a Padrig ar y silff ben tân gyferbyn. Fe'i gorfododd Liam ei hun i edrych eilwaith: Crist del a gewynnau mwyn i'w gorff, heb arwydd o'r dirdynnu synhwyrus a welodd yn *Pieta* Michelangelo yn eglwys San Pedr yn Rhufain. Yr oedd wyneb y Crist yma'n gwenu fel swyddog hysbysebu a'i gnawd o liw perlau ffug. Crynodd Liam drwyddo.

'Tyrd yn nes at y tân, 'machgen i. Er nad ydi'r tanau nwy yma fawr o betha, nag ydyn wir. Fedrwch chi ddim troi tegell arnyn nhw. Doedd dy daid ddim am gael un i'r tŷ—ond dyna ni, rhaid newid efo treigl amser mae'n debyg.'

'Nain, sut ddaru Taid farw?'

'Be ti'n feddwl dywed?' Yna, wedi eiliad o bendroni: 'Fel pawb arall, am wn i. Roedd y 'ffeiriad yma ac mi gath o gymun yn y bore
. . .'

'Naci. O be y buo fo farw? Gath o boen?'

'Wel, do, am wn i. Rwyt ti'n un rhyfedd! Roedd yr hen ddoctor yn rhoi rhyw dabledi iddo fo ond chymerodd o fawr ohonyn nhw, wst ti.' Peidiodd ei golwg syn a dywedodd yn falch: 'Ond mi ddaliodd i enwi'r Arglwydd hyd y diwedd un. Iesu tlws! Iesu tlws! Tyn fi i'th fynwes. Iesu, Mair a Joseff! O, mi'r oeddwn i'n falch ohono fo!' Ochneidiodd y geiriau, 'Rhoed Duw orffwys iddo.'

Cymerodd Liam yntau ei wynt yn ddwfn.

'Wyt ti wedi cael annwyd ar y trên, dywed? Rhyw gôt dena ydi hon'na, 'te? Mae'n siŵr 'i bod hi'n un fuddiol iawn iti yn dy waith hefyd. Oedd hi'n ddrud iawn? Mi fedret ti fod wedi cael un yr un lliw ond yn dewach, faswn i'n meddwl.'

'Mi rydw i'n hoff o bethau main. Fuoch chi 'rioed mewn dillad moethus ar ych gwylia efo Taid?'

'Mi wyddost yn iawn na chawson ni 'rioed wylia ond adeg priodasa'r plant a bedyddio'u plant nhwtha. Fuo gynnon ni 'rioed ddigon o bres, ac yr oedd dy daid yn gaeth i'r ffarm . . .'

'Nain, oes arnoch chi ofn marw?' meddai Liam yn sydyn, rhag gorfod cydymdeimlo â llymder bywyd ei hynafiaid.

'Brensiach annwl! Be 'di dy feddwl di, dywed? Feddylis i ddim llawer am y peth fel'na. Rwyt ti wedi cael rhyw syniada rhyfedd i ffwrdd yna . . . Ond fel'na mae pobl y trefydd yna, ella,' meddai hi wedyn—wrthi ei hun megis. Ac yr oedd arno yntau erbyn hyn eisiau ymddiheuro.

'O, dyma dy fam,' meddai hi'n ddiolchgar, a chododd ei golygon heibio i Liam.

Yr oedd ei fam i'w chlywed yn cyfarch Brigid yn y gegin. Synnodd yntau wrth glywed honno'n dweud *chdi* a *chditha* wrth ei fam ac yn ei galw'n Sali. Mae'n debyg ei bod yn perthyn rhywsut i'r teulu, ac eto *chi* ddywedodd hi wrtho fo. Tybiodd gynnau mai cymdoges oedd hi wedi dod i helpu. Faint o'r teulu a adwaenai o fory, tybed? Fe'i llethwyd am eiliad â hiraeth am far cynnes Minnegan's, a'r lle'n orlawn o sgwrsio brwd.

'Wel, Mam,' meddai ei fam yntau wrth ddod i mewn i'r stafell.

'Ia'n wir, fel'na mae hi, 'te.'

Roedd cefnau ei phenliniau i'w gweld wrth iddi blygu i'w chuddio'i hun y tu ôl i glust ei mam. Sanau moethus, a'i choesau'n dal yn siapus. Wedi'r ddau funud o ddyletswydd cododd Sali ac ymroi i ddatod ei chôt. Cododd ei mab i'w helpu.

'Mae dy fochau ditha'n llwyd iawn, 'ngeneth i. Mae'n rhaid bod byw yn y dre acw wedi dy feddalu di 'run fath â Liam yma.'

Trodd ei fam i ddiolch iddo, a'i llais a'i hystum yn gwrtais.

'Pam na dynni dithau dy gôt, Liam?' Eisteddodd wedyn yn y gadair a thynnu ymyl ei sgert dros ei phenliniau. 'Sut 'dach chi'n 'i weld o'n edrach, Mam?'

Gallodd Liam droi ei gefn ar y ddwy wrth dynnu ei gôt, ond wrth iddo'i chrogi ar gefn y drws dyma lais ei nain yn ei ddal: 'Ydi o ddim wedi teneuo'n arw, duda?' Ffodd at y fainc o dan y ffenestr, ac eisteddodd yno lle'r oedd y golau o'r tu cefn iddo.

'Fel'na y bydda i'n 'i weld o bob tro mae o'n dŵad adra. Wn i ddim be mae o'n 'i wneud i ffwrdd yna.'

Gobeithiai iddo glywed tinc direidus yn llais ei fam. Beth bynnag, fe giliai o o'u sgwrs rŵan, a gadael y ddwy i wysio atgofion am eu gwŷr gyda'u mwngial a'u cordeddu dwylo uwchben crochan y tân nwy.

Taniodd sigarét, ac wrth i'r mwg deneuo a throi'n lliw gin-a-thonig daeth yn ymwybodol unwaith eto o'i ddwylo main. Oedd, roedd ei ddwylo'n teimlo'n estron wrth iddo ysgwyd llaw â phobl yr ardal yn y pentref y bore yma. 'Dwylo gŵr bonheddig,' meddai'r hen wragedd yn edmygus, gan eu trin fel tegan. 'Neu artist,' meddai yntau'n herfeiddiol. Roedd ei holl gorff yn eiddil ac amherthnasol yn yr amgylchfyd yma. Ac eto, onid oeddynt wedi arfer ag offeiriaid a meddygon ac eraill o'r trefydd? Y gwahaniaeth, mae'n debyg, oedd mai o gnawd a chof eu cymdeithas hwy y lluniwyd o. Tybed? Ambell dro yn y ddinas, pan fyddai'r sgwrs yn llifo rhwng rhyw ddau arall, ac yntau wedi ymddeol, fel rŵan, o'r bwrlwm, y pryd hwnnw y codai weithiau o'i isymwybod hen gnoi anniddig i holi diben popeth a oedd yn bleserus iddo. Llais Taid yn holi 'Be 'di'r holl bapura newydd yma rwyt ti'n 'u darllen, dywed?' neu Nain, wedyn, eisiau gwybod pam y byddai'n mynd ar dripiau i Ffrainc 'a rhyw lefydd felly a ninna heb weld Dulyn hyd yn oed.' Ond ni pharhâi'r gwewyr yn hir. Llithrai'n ôl wedyn i'r sgwrs yn ei ymyl: 'Be mae pawb am 'i gael y tro yma?'

Roedd y sigarét wedi llosgi at ei fysedd. Gwell iddo godi i'w thaflu i'r tân yn y gegin.

'Rwy'n mynd am baned i'r gegin at Brigid cyn mynd allan am dipyn o wynt. Fydda i ddim yn hir iawn.'

O'r braidd y cyffyrddodd ei eiriau â'r ddwy uwchben y tân nwy.

*   *   *

'Dwi'n hynod o ddiolchgar ichi, Brigid, am ddŵad allan fel hyn i ddangos yr hen le imi.'

'O duwcs annwl! Does raid ichi ddim neno'r Tad, Mr Corbet.'

'Fedrwch chi ddim fy ngalw i'n Liam os gwelwch yn dda, a chitha'n gyfyrder imi?'

'Wel mi dria i, ond mae hi'n anodd i rywun fel fi ych galw chi wrth ych enw cynta.'

Roedd hi'n ferch weddol hardd, tua thair ar hugain oed mae'n debyg, ond yn ei difetha'i hun wrth ei bod yn dal ei cheg fymryn ar agor o hyd. Ac yr oedd ei dwylo'n arw.

'Oeddach chi'n gyfeillgar iawn â Taid, Brigid?'

Cododd ei phen am eiliad eto. 'Wel mi welis i lot arno fo pan oedd o'n marw. Ro'n i'n mynd i mewn i helpu'ch nain i wneud 'i gefn o a rhyw betha felly.'

'Fasach chi wedi hoffi bod yn nyrs, Brigid?'

'Roeddwn i wedi meddwl mynd i'r dre i weithio, ond nid fel nyrs—doedd gen i ddim digon o addysg i hynny, a beth bynnag, roedd yn rhaid imi aros gartra i edrach ar ôl 'Nhad wedi i Mam farw.'

'Faint ydi oed ych tad erbyn hyn?'

'O, mae o'n tynnu at 'i bensiwn rŵan, er nad ydi o ddim wedi gweithio ers deuddeng mlynedd o achos y cric-'mala,' meddai hi'n drist. Wedyn, yn betrusgar iawn: ''Dach chi'n licio'r swyddfa yna 'dach chi ynddi hi?'

'O, maen nhw i gyd yn eitha tebyg i'w gilydd wyddoch chi. Be 'di'r murddun acw?'

'Be?'

'Y twmpath cerrig acw a'r mur.'

'O, darn o un o'r eglwysi ddaru Cromwell 'u tynnu i lawr i godi'r castell bach yn y pentra.'

'Mi rydan ni i gyd yn cofio Cromwell yn 'tydan. Pa ddyddiad oedd o yma, dwedwch?'

Ei phen i lawr eto. Rhaid imi wneud yn well.

''Drychwch ar yr wylan benddu yna, Brigid. 'Dach chi'n hoff o natur?'

Dyna hi'n edrych yn dwp eto.

'Lle mae'r lôn yma'n mynd, Brigid?' meddai, ar ôl sbel.

'O, draw i'r Neuadd.'

'Fydd yna ddawnsio yno weithia?'

'O bydd; lot amser Dolig a'r Pasg—a phan fydd yna bobl ddiarth yma yn yr haf.'

'Ddowch chi i lawr i'r pentre am dro, Brigid?'

Chwarddodd yn nerfus. 'Dwi am fynd nôl i'r tŷ rŵan,' meddai wrth frysio i ffwrdd.

Methiant yn wir, meddyliodd Liam wrth edrych ar ei oriawr— hanner awr wedi tri. Amser am beint. Na, siawns i gael awyr iach ac efallai alw ar Conor. Roedd o'n gyfreithiwr yma ers tua tair blynedd rŵan; ynteu pedair? Nefoedd, roedd cri'r wylan yna'n fyddarol.

Dechreuodd Liam sylwi ar dirwedd y wlad o'i gwmpas. Mor llwm oedd y tir—muriau carreg, di-fortar, di-sment ym mhobman. Bythynnod to gwellt ar ffurf eglwysi Celtaidd cynnar ac ambell eglwys neo-Othig, ddi-chwaeth, o'r ganrif ddiwethaf. Popeth yn arw yma; nid oedd natur i'w gweld yn estyn ei haelioni y tu hwnt i galch

59

a glaw. Ond gallai'r haul wneud gwyrthiau. Yr oedd hi'n ddechrau'r gaeaf rŵan, ond fe gofiai Liam am y gwanwyn yma pan oedd o'n llanc ifanc. Nid adar yn trydar a nwyd natur yn hofran uwchben y coed nes iddo ymgnawdoli drwy asio â'r brigau—nid hynny a nodweddai'r gwanwyn yng nghanol y creigiau hyn ond, yn hytrach, ryw newid cyfrin yn ansawdd y golau. Ar ddyddiau gwlyb gallai'r ardal hon edrych fel petai hi yng ngolau'r lloer: y llwyd a'r gwyn wedi troi'n arian a chaenen o liw llechen las ar bopeth arall. Ond yn y gwanwyn byddai'r cysgodion gwinau yn dechrau glasu nes y byddent yn borffor ar ddydd o haf. Byddai blodau'r eithin yn tanio a'r eirlysiau a'r saffrwn yn rhoi enwau ar y tameidiau o liw a welid, yr adeg hynny, ar y cefndir llwyd. Â chyllell balet yn hytrach na brws y dewisodd natur weithio'i chynfas yma, ac er nad oedd y canlyniad yn falm ar unrhyw friw, gallai roi boddhad synhwyrus i'r deall.

Roedd y distawrwydd yn llethol yma. Y creaduriaid. Be oedden nhw'n ei wneud â'u hamser, tybed? Darllen. Na. Teuluoedd mawr! Petai'r gwleidyddwyr ceidwadol ddiawl yna yn Nulyn yn gweld y tu mewn i'r bythynnod yma; gweld y lleithder, a'r plant anhywedd yn y gegin. Eraill yn byw yn unig ac yn drwm o'r felan.

'Helô,' meddai llais uwchben sŵn car yn ffrwyno. 'Sut hwyl, Liam?'

'Conor! Wel, wel!'

'Mae'n ddrwg gen i am dy drwbwl.'

'O, diolch yn fawr. Roedd o'n eitha hen, wyddost ti. Sut rwyt ti'n hoffi'r twll yma?'

'Fe synnet. Tyrd i mewn, mae gen i eitha wisgi gartra.'

'Iawn. Mae gen i tua dwy awr.'

I mewn â Liam i'r car ac i ffwrdd â nhw.

'Sut mae Dulyn a'r hen goleg?'

'Iawn wyddost ti, Conor. Sut mae petha efo chdi? Am faint wyt ti am aros yma?'

'O, mi dwi'n mwynhau 'y ngwaith yma'n iawn. Fûm i 'rioed yn dderyn tre fel chdi.'

'Wyt ti wedi priodi eto?'

'Ydw, ers blwyddyn. Ella bod chdi'n 'i chofio hi. Agnes Flynn oedd 'i henw hi. Roedd hi'n gweithio i'r Bwrdd Croeso; hogan go ddistaw.'

'O ia, gwych iawn. Mae hi'n gallu dy helpu di efo'r ffôn a phetha felly.'

'Duwcs yndi, ac yn medru teipio. Ac mae hi'n dŵad o'r ardal yma ac yn dallt y bobl yma i'r dim. Wyt ti?'

'Be? Wedi priodi? Nag dw'n wir. Be mae pobl yn 'i wneud rŵan am waith, y rhan fwyaf, Conor?'

'O mae'r rhan fwya'n dal i fod yn ddyddynwyr, ond mae yna gyfran go helaeth yn pysgota tipyn. Wrth gwrs mae yna lawer iawn o hyd heb fawr o waith, a dweud y gwir. A dydyn nhw ddim yn rhyw hoff iawn o weithio ar ffermydd eraill. Yr hen falchder, wyddost ti. Dweud y gwir, mae hi'n ardal go dlawd—fel y rhan fwya o'r gorllewin.'

'Oes yna lawer o ymfudo?'

'Cyfran o bob teulu bron. Mae hi'n dal yn ddrwg fel'na.'

Tawodd eu siarad ac edrychodd Liam drwy gil ei lygaid ar ei hen gyfaill; nid oedd rhediad y car moethus yn mennu dim ar ei drem. Yr oedd Conor yn edrych yn boenus o dwt. Gorffwysai ei ddwylo'n ysgafn ar olwyn y llyw, ac ymylon gwyn tu mewn ei fenig a llewys ei grys yn cyfarfod wrth ei arddyrnau. O dro i dro fe symudai'r gafael yn llyfn ac effeithiol. Côt uchaf frethyn oedd amdano, a ffurfiai ei dei a'i goler driongl ffurfiol â'i llabed.

'Dyna ni: y tŷ ar y gongl acw efo'r giatiau haearn gyr ydi'n tŷ ni.'

Breciodd yn araf a sleifiodd y car drwy'r adwy ac aros wrth ochr y tŷ. Daeth ei wraig i'r drws i'w groesawu. Wrth i Conor esbonio pwy oedd Liam ac iddyn nhw dynnu eu cotiau, yr oeddynt wedi cyrraedd y parlwr. Ystafell sgwâr o'r math y gellid ei rhag-weld oedd honno, a'i dodrefn i gyd yn sgleinio. Yr oedd fel gwraig Conor, yn drefnus a llachar, heb unrhyw beth damweiniol yn ei chylch—ac yn amlwg heb ôl plant. Daeth Conor yn ôl i'r ystafell yn ei slipers a sefyll â'i gefn at y tân wrth gynnau ei bibell. Gallodd hithau wedyn fynd allan i'r gegin i wneud te. Buont yn sgwrsio'n barchus dros hwnnw ac ambell wydraid o wisgi am oriau maith, gan gystadlu mewn atgofion. Teimlai Liam fod pob ystum o'u heiddo yn adlewyrchu un o'r lluniau yn y pentwr o gylchgronau merched a orweddai ar stôl fach dan y ffenestr, ac yr oedd yn falch o ymadael pan ddaeth cyfle.

Sylwodd ei bod hi'n dechrau oeri wrth iddo gerdded tuag adref yn y gwyll. Cawsai ychydig yn ormod o'r wisgi eisoes, ond efallai y dylai alw am *un* arall yn yr hen dafarn fach lle yr âi ei daid ambell dro. Nid oedd hi'n bell o'i ffordd ac nid arhosai yno'n hir. Byddai'n help iddo ddod ato'i hun ar ôl iddo ymweld â Conor.

Curodd ar y drws gan iddo fethu ei agor. 'Drws arall,' meddai'r lleisiau eiddgar. Yr oedd y gwynt o'r dwyrain, dylai fod wedi cofio. Aeth o amgylch yn y gwyll, ac agorodd y drws arall.

'Duw gyda chi.'

'Duw a Mair gyda chitha.'

Tafarn foel. Llawr carreg, meinciau, a chownter yn lle bar, a haen o saim a llwch dros bopeth. Dau yn unig oedd yno, heblaw Siôn, gŵr y tŷ.

'Peint, Siôn.' Eisteddodd. 'Tywydd braf.'

'Ydi, mae hi. Mae'n ddrwg gen i am ych trwbwl.'

'A minna.'

'A minna hefyd.'

Diolchodd i'r tri. Ni fu'n hir cyn dihysbyddu eu sgwrs.

'Ydi cwch Martin Flynn wedi dŵad i mewn, Siôn?'

'Naddo eto.'

'Dydi hi ddim yn chwythu cymaint rŵan chwaith.'

'Nag 'di.'

Dim ond sŵn Tomós yn sugno'i bibell oedd yna i dorri ar y distawrwydd.

'Diwrnod y dôl fory,' meddai hwnnw ar ôl dipyn.

'Ydi, Tomós, diolch i Dduw amdano fo,' ddaeth yn ateb.

Cododd Tomós ei wydr gwag i'r cownter. 'Peint arall, Tomós,' meddai Siôn gan dynnu'r ddiod ddu o'r gasgen.

'Ac un i Dominic.'

Trodd ataf i.

'Dim diolch yn fawr ichi, Tomós.'

Dim gair unwaith eto. Ambell ebychiad o geg a phibell Tomós, ac mae'n debyg fod Dominic yntau'n anadlu. Yr oedd y cloc yn fyddarol. Dyma'r unig wyneb llafar yn y lle. Cloc larwm, yn eistedd ar y silffoedd y tu ôl i Siôn, yn y canol rhwng y poteli di-rif a gostrelai amryfal hen winoedd a gwirodydd o lawer gwlad a chyfnod. Yn edrych allan o'u plith yn amhersonol ac unig—fel wyneb y Crist yn

62

y darn *Dydd y Farn* uwchben porth gorllewinol prif-eglwys Chartres.

'Rwyt ti'n hy, Liam, 'y machgen i. Does neb wedi edrych ym myw fy llygad i am gyhyd erstalwm iawn. Rwyt ti'n ddiarth, yn 'twyt, ac yn chwilfrydig hefyd. Wyddost ti sut le sy 'ma ar nosweithia eraill, pan wyt ti ddim yma? Yn union yr un fath â heno. Fi ar fy nghwrcwd yma rhwng yr hen boteli di-fudd yma: Chartreuse nas agorwyd ers cyn dy eni di, a brandi a yfir weithiau ar ddydd gŵyl. Mae pawb yn byw yn ôl fy arch i yma—yn fy ofni. Fi ydi'r peth sefydlog. Chlywson nhw 'rioed mohono i'n canu eto, ond y maen nhw'n gwybod y medra i wneud, ac y gwnaf i ryw ddydd. Weli di'r *Didi* a'r *Gogo* yna yn eistedd o bobtu'r bar, yn aros, aros. Nhw sy ar ôl, nhw ydi'r rhai swil—ac felly'n styfnig. Fuo ganddyn nhw 'rioed obaith, dim ond diffyg anobaith—byddai hwnnw'n rhy boenus. Taswn i'n nacáu mynd, mi fasa hi'n draed moch arnyn nhw. Ond dyna fo, fi ydi gweinyddwr yr artaith fawr. Dos yn ôl i'th ffair wagedd am hynny gei di!'

Trawodd Liam ei wydr ar y bar, gwgodd ar y cloc, ac wrth iddo weld Siôn yntau'n troi ei ben yn ofnus at y cloc, dywedodd: 'Mae'n amser imi fynd,' a ffodd o'r lle a'u dymuniadau da yn ei ddilyn.

Wrth iddo gyrraedd y tŷ yr oedd y lleuad yn codi. Aeth i mewn ac eisteddodd i fwyta ei swper o gig dafad wedi ei ferwi, tatws trwy'u crwyn a bresych. Ar ôl gorffen aeth i'r siambr i baratoi ar gyfer yr wylnos. Yr oedd ei siambr yn oer ac yn foel, ond yn hynod o lân. Fel ym mhobman arall yn y tŷ yr oedd darluniau crefyddol ar bob ochr. Edrychodd arno'i hun yn y drych, yr un a ddefnyddiai ei daid gynt i eillio. Mor anaml yr edrychai arno'i hun y dyddiau hyn. Sylwodd fod yr hen fanwallt ar y ffin rhwng ei wallt a'i dalcen wedi diflannu. Nid oedd ei lygaid yn wyn o amgylch y canhwyllau mwyach, ac yr oedd ambell wythïen fach goch i'w gweld ar grib ei fochau hefyd. Yr oedd, fel Tonio Kröger, ychydig dros ei ddeg ar hugain oed, ac fel hwnnw wedi dechrau sylweddoli mor boenus oedd byw. Bu raid i Liam ddiosg sawl uchelgais yn y ddwy flynedd flaenorol: nid oedd o mwyach am allu darllen pob campwaith a sgrifennwyd erioed, na deall holl deithi meddwl eneidiau mawr yr oesoedd. Ni allai o, chwaith, fod yn gyfreithiwr llwyddiannus ac yn ddyn moesol; yr oedd bwrlwm bywyd swyddfa, a'i safonau materol, yn ei iselhau o fel person.

Ychydig oedd ei dalentau, ac i fyw unrhyw fath o fywyd gwerthfawr yr oedd yn rhaid iddo gael rhywfaint o amser i fyfyrio. Bu ganddo uchelgais llanc i fod yn awdur, a breuddwydiodd sawl tro am fod mewn cinio i lansio ei lyfr cyntaf, ac amdano'n hen ŵr penwyn yn cael gwobr Nobel ac yn dod â bri ar ei wlad—ac arno fo'i hun wrth gwrs! Erbyn hyn gwelodd ei ffolineb, a sylweddoli nad er mwyn ennill clod ond er mwyn rhoi trefn ar fywyd ac i achub ei orffennol y dylai o feddwl am lenydda. Gwyddai bellach na ellid cynllunio bywyd yn ewyllysgar, a gweld gwireddu'r canlyniadau fel rhoi record ymlaen a chlywed symffoni gyfan a phob nodyn yn ei le. Er y byddai'n dal i hiraethu am berffeithrwydd, dim ond cybolfa a ddisgwyliai o o'r bywyd hwn mwyach, cymysgedd ddynol o dda a drwg, o ymdrechu ac o ddiflasu, o godi gobeithion a gweld eu chwalu drachefn, gan hyderu y dôi rhyw ddydd i dderbyn hanfod bywyd fel y mae. Tyfu i fod fel Brigid, yn un â'r creigiau a'r blodau, y tymhorau a'u gwyntoedd, nes bod dyn ym ymgolli ym mhatrwm dychrynllyd y cread, a'i ewyllys yn mynd yn un â'r llanw mawr.

Yn y cyfamser, tra ticiai'r cloc, yr oedd yn rhaid cael rhyw ddisgyblaeth, rhyw drefn allanol i helpu i'w gynnal. Yr oedd yr ysfa i lenydda yn dal ynddo. Geiriau oedd ei unig dalent, ac felly nhw oedd ei alwad; eu gwneud yn arwyddocaol er mwyn eu clymu â'i gilydd mewn patrwm oesol. Llenyddiaeth fyddai ei broffes; iddi hi y rhoddai ei deyrngarwch. Ni fyddai hi'n hawdd iddo esbonio ei deimladau i'w nain. Pe deallai hi'r hyn oedd yn ei feddwl fe ofidiai.

Wel, os oedd o'n estron yma, ac i raddau llai ymysg nihilistiaid y ddinas, fe allai greu byd iddo'i hun megis; talpiau o fydysawd gorffenedig, digyfnewid, ac mewn ambell orig fach fe gâi fyw yn llawn a phwrpasol a gweld rhyw ystyr i bopeth. A phwy a ŵyr na fyddai ymgydnabyddu fwyfwy â'i iaith yn foddion i'w ddwyn i berthynas fwy hanfodol â'i gymdeithas gysefin.

Clywai sŵn pobl yn dod i mewn i'r tŷ ac yn cyfarch ei gilydd yn dawel. Yn y man fe fyddent yn adrodd y llaswyr, ac yna'n eistedd eto i drafod yr ymadawedig ac i smocio ac yfed ffarwél iddo. Yfory byddai'r gweddillion yn cael eu symud o'r tŷ i'r eglwys, a byddai câr a chyfathrach yn offrymu coron neu ddecswllt. Yfory hefyd yr ymwelai o â'r offeiriad a'r meddyg, ac ambell aelod o'r teulu. Yna, drennydd, fe gleddid Taid yn barchus, yn ddefodol a heb unrhyw deimlad o oferedd. Wedyn fe âi o'n ôl i Ddulyn ar y trên cyntaf. Yr oedd sŵn paderu i'w glywed rŵan, pawb yn unfryd ac yn unsain: '... gweddïa drosom ni bechaduriaid yn awr ac yn awr ein hangau ...' dro ar ôl tro.

Cribodd ei wallt ac aeth i mewn i'r wylnos.

## PARADWYS FFŴL

'Be sy haru'r lembo hurt! Yn sbio fel'na. Dwi 'di gneud dim byd.' Yr oedd yr heddwas yna'n dal i stelcian o gwmpas drws y farchnadfa pan aeth hi allan a heibio iddo'n hanner hy. Roedd ei gwefus isaf yn crynu fel cyw mewn dwrn.

Prynasai Rita dorth sleis, margarîn, pecyn o *Mash*, bagiau te a thun o gig a llun ci bach del arno, i wneud stiw. Camodd o'r palmant a daeth sgrech brêciau lorri. Gwenodd yn llywaeth ar y gyrrwr syfrdan a rhuthro ar draws y ffordd, o olwg yr heddwas a'r wynebau yn ffenestr y siop. Mi âi i siop arall o hyn allan. Tuthiodd adref, ar hyd Heol Splot am fymryn, yna i lawr i un Aberystwyth, ac ar hyd Heol Aberdaugleddau, i Rif 1A.

Yr oedd y stryd wedi ei chondemnio ers tro, ond mynnai rhai lynu at eu cartrefi, a deuai ambell un i glwydo mewn rhannau o'r tai a oedd wedi'u gadael yn anghyfannedd. Yr oedd y plantos wedi dryllio'r ffenestri a'r drysau nes i'r Cyngor orfod eu bricio ynghau. Bellach, dim ond yn y cefnau yr oedd ffenestri o unrhyw fath yn y pedwar tŷ ym mhen draw'r stryd. Cyrhaeddid y rhain, yn answyddogol felly, dros glwydi bach yn yr ierdydd cefn. Ond yn gyntaf, yr oedd yn rhaid rhedeg ar hyd lôn gul, dywyll lle'r âi'r dynion ysbwriel erstalwm i nôl y cistiau lludw o'r cefnau, pan oedd llewyrch ar yr ardal. Ar hyd y llwybr yma y tywysodd John hi pan ddaeth hi yma, wedi'r noson yn y dafarn, gan fenthyg ei gôt fawr iddi, a'i hanwesu cyn canu'n iach yn y bore bach. Doedd hi ddim yn gwybod sut i'w wrthod o, er bod ofnau o bob math arni. O leiaf, roedd o wedi cael hyd i le iddi aros, ac wedi rhoi pastai gig a chreision tatws iddi at ei brecwast.

Tŷ tri-llawr, o'r cyfnod yn syth ar ôl y Rhyfel Cyntaf, oedd Rhif 1A, fel gweddill y stryd. Yr oedd yn solat, a chanddo ffenestri

66

gweddol fawr a llefydd tân ym mhob ystafell bron. Ar y llawr uchaf
yr oedd Rita wedi cael lloches. Roedd yn rhaid mynd i fyny'r grisiau
tân metel i gyrraedd yno. Yr oedd y llawr isaf yn hollol dywyll ac yn
anodd i'w gynhesu, er y deuai ambell drempyn meddw yno i lechu
noson, yn ôl Pat. Ar yr ail lawr yr oedd hi, yr Albanes bryd golau,
gwalltgoch, yn byw efo'i ffrind diweddaraf—gyrrwr lorri. Ond
deuai ambell un arall i'w gweld pan fyddai o i ffwrdd ar daith bell,
yn enwedig un llongwr smart, oedd yn siarad fel dyn o'r ffilmiau.
Daeth heibio un pnawn fel roedd Rita ar gychwyn i fyny'r grisiau.
    Bu Pat yn ddigon cyfeillgar. Gwnaeth baned iddi nifer o weithiau,
a holi'i hanes hi. Addawodd help os byddai hi'n ben set ar Rita. Yr
oedd hi'n ferch smart, ym meddwl Rita. Safai drwy gydol bob sgwrs,
yn smygu'n ddi-baid ac yn pesychu rhwng pob dracht. Roedd ei
gwallt fel mwng mawr, wedi ei gribo'n ôl mewn rhyw ffordd
gymhleth iawn; gwisgai drywsus yn y dydd a siwmper dynn werdd
a ddangosai mor fawr oedd ei bronnau hi. Cafodd Rita bâr o hen
esgidiau ganddi a chôt law goch, oedd ddim ond fymryn yn rhy
fawr. Rhybuddiodd Pat hi rhag y dynion—'gan fod 'da ti gorff siapus
ar y diawl. 'Sot ti'n moyn cadw babi lan 'na 'da ti, wyt ti, cariad?'
    Yr oedd stof go-iawn gan Pat, gyda'r sylindr nwy, a thân coed yn
llosgi ar yr aelwyd gyda'r nos. Cafodd hi hyd i gylch nwy i Rita, a hen
sosban iddi gael berwi dŵr a gwneud te, a chynhesu bwyd tuniau.
Daeth un o'r dynion â sylindr arall o nwy i fyny'r grisiau tân i'w lle
hi. Roedd hi'n dal i roi pethau bach i Pat amdano. Aeth gyda hi
hefyd i siop ail-law i brynu matres a rygiau, dwy gyllell a fforc,
platiau a mygiau ac ychydig o ddillad isaf, siwmperi, ac un sgert â'i
sip wedi torri. Yr oedd y dillad gafodd hi ganddyn nhw wrth adael
yr ysbyty i fynd i'r lluesty'n dal yn weddol drwsiadus, ar wahân i'r
esgidiau. Ond yr oedd y gôt fawr a'r cobanau ar ôl yno.
    Aeth wythnosau lawer heibio oddi ar iddi ddod yma. Eisoes,
rhoddodd hi damaid o fat ar y llawr, un y cafodd hyd iddo ar ben
bin un bore. Ac roedd yna lun o Gary Glitter ganddi ar y wal
uwchben y lle tân, oedd yn llawn o fonion sigareti a matsys. John
ddaeth â'r ddwy gadair gynfas yna, gan eu hagor o flaen ei llygaid
llydain. A chafodd Pat ac un o'i ffrindiau hyd i hen fwrdd pren plaen
mewn golchdy yn yr iard, a'i dynnu i fyny i ben y grisiau wrth raff,
a'i stwffio i mewn i'r atig, i ystafell fyw Rita.

Doedd yr ystafell hon yn ddim byd o'i chymharu â'r dormur mawr yn yr ysbyty, a thipyn yn llai na'r un yn y lluesty. Deuai'r to i lawr ar oleddf bob ochr, gan adael dau bared trionglog ar ddeuben yr ystafell. Trwy ddrws yn un ohonyn nhw yr âi hi i mewn i'w chegin fach a'r tŷ bach, gyferbyn â'i gilydd, ac at ffenestr yn y pared arall a gyrhaeddai'r grisiau haearn. Yr oedd yna risiau eraill yn arwain i'r gegin, ond eu bod wedi'u bordio ynghau hanner ffordd rhwng y ddau lawr. Yn un o'r muriau goleddfol yr oedd yna ffenestr-do weddol fawr, yn agor allan i fod, ond wedi rhydu ynghlo ers hydion. Gellid gweld i lawr i'r dociau drwyddi wrth sefyll ar ben y bwrdd, a gweld y lleuad a'r sêr ar noson loergan. Aml i noson swatiai Rita ar ei gwely yn syllu arnyn nhw, ac yn hel ychydig o feddyliau wrth wrando ar ei thransistor bach del.

Yn y farchnad awyr-agored fore Sul yn Llechwedd y cafodd hi'r radio, ond bu ond y dim iddi gael ei dal. Gwelodd ddyn smart, â het ar ei ben, yn syllu arni'n ddrwgdybus wrth iddi godi'r radio a'i stwffio i'w phoced. Yr oedd o ar fin dweud wrth y masnachwr pan ddaeth plentyn bach ato'n sydyn, yn beichio crio am rywbeth neu'i gilydd. Sleifiodd hithau i ffwrdd. Yr oedd hi wedi llwyddo i gael sigareti a bara'r un modd, o'r marchnadfeydd, a chymerai botel neu ddwy o lefrith bob bore o stepan drws rhywun neu'i gilydd.

Yr unig adegau pan fyddai Rita'n amau iddi wneud y peth iawn wrth ddengyd o'r lluesty oedd pan fyddai hi'n andros o oer yn y nos. Rhyw wythnos neu ddwy'n ôl roedd hi wedi bwrw eira. Cafodd fraw ofnadwy wrth glywed rhywbeth yn llithro ar hyd y to, a bu ond y dim iddi redeg i lawr at Pat, ond roedd arni ofn mynd tu allan ac ofn y byddai honno'n arthio arni. Yr oedd Pat wedi ei siarsio i beidio â galw arni ar ôl iddi dywyllu oni fyddai'r lle ar dân, neu bod heddlu o gwmpas. Drannoeth, cafodd ar wybod gan Pat mai'r eira oedd wedi achosi'r twrw, ac ni fu mor ofnus ar ôl hynny.

Ond dyheai ambell waith am gynhesrwydd ei hen amgylchfyd. Yr oedd hi yn unig, ond yn rhydd mwyach. Ddim yn gorfod codi am 7.30, ymolchi ac estyn am ddillad isaf o'r pentyrrau glân, a mynd i frecwesta efo'r degau eraill; pawb yn ymgecru er mwyn trio cael ei fwyd gyntaf, ac yn ei lowcio wedyn. Roedd hi wedi gorfod helpu i fwydo un ferch efo llwy, pan fyddai nyrsys yn brin. Mynd i'r gwaith erbyn naw a phacio pensiliau drwy'r dydd; cael tipyn o hwyl yn gweiddi a chwedleua efo'r bechgyn ar y ffordd yn ôl i'r wardiau am ginio, a gwrando ar dransistor Reg. Wedyn dwyawr a hanner arall o waith, a phunt neu ddwy ar ddiwedd wythnos—'a'ch cadw: pedwar pryd y dydd, gwely clyd a dillad glân. 'Na lwcus y'ch chi.' Sinema neu deledu, neu ambell ddawns gyda'r nos a chael gweld Cliff, a gwely erbyn 9.30. Weithiau, dôi Marjorie neu Barbara i aflonyddu arni. Hithau'n rhoi cic neu gelpan iddyn nhw, neu'n tynnu'u gwallt nhw'n amlach na pheidio. Ond byddai'r rheini'n trio'i chael hi i drwbwl efo'r Chwaer neu'r meddyg y diwrnod wedyn. Mi fu hi a Barbara'n ffrindiau pennaf ar un cyfnod, a châi anrheg pen blwydd ganddi hi. Ond doedd Rita ddim yn hoff o'i chael i'r gwely ati, yn ei chofleidio, ac yn chwarae â'i bronnau hi a ballu. Yr oedd hi yn braf yma. Dim cymaint i'w fwyta, dim teledu a dim gwres. Ond dyma'i lle bach ei hun, y cyntaf erioed, a hwyrach y deuai John eto cyn bo hir â thipyn o fisgedi neu deisen a chwrw, neu rywbeth.

Ymhen rhyw ddwy noson y daeth John eto. Cyrhaeddodd yn fuan ar ôl iddi dywyllu, a chwdyn bach plastig yn ei law. Clywodd ei draed ar y grisiau ac agorodd y drws iddo. Fel arfer, yr oedd wedi colli ei wynt.

'Helô, Rita fach . . . yma . . . o hyd!'

'Helô, John.' Aethant drwy'r ystafell fyw. Rhoddodd y cwdyn iddi i'w ddal, a'i gôt fawr i hongian ar gefn drws y tŷ bach, a'i gap a'i grafat yn ei phoced hi. Tynnodd duniau cawl a stêc stiwio, a dau dun anferth o ffa pob o'i fag, a phecyn o deisennau Jaffa a *chream crackers*. Wedyn, agorwr tuniau cymhleth, un rydych chi'n ei sgriwio i'r wal.

'Mae hwn yn eitha hawdd iti'i ddefnyddio. Mae gen i sgriwdreifar yn fy nghôt, ac mi sodra i o ar y wal iti, wrth y sinc fan'na, mewn munud, a dangos iti sut i'w ddefnyddio fo heno.'

'Mae gen i dun o gig i neud swpar iti, John, a thorth ges i heddiw.' Aeth i nôl ei thun cig a'i ddal yn fuddugoliaethus o flaen ei lygaid.

Edrychodd arni'n hurt am sbel.

'Dwi ddim yn licio'r cig arbennig yna, Rita, mae'n ddrwg gen i. Ond diolch yn fawr i ti 'run fath. Os nad oes ots gen ti, mae gen i dun arall inni heno—a ffa pob!'

'Ac mae gen i de.'

69

'Ddim rŵan.' Aeth yn ôl i'w gwdyn a chonsurio pedwar cannaid o gwrw brown. 'Dos i nôl y mygia!'

Rhyngddynt, mi sgriwiwyd y peth agor tuniau i'w le, a darparu dau blatiad o stêc stiwio a ffa pob, tafelli o fara margarîn a chwrw i'r ddau. Hyn heb ddihysbyddu hanner y bwydach a ddaethai John efo fo. Wedyn cafwyd paned a ffag, i gyd i gefndir Radio Luxembourg, a chydag ambell sylw neu gwestiwn gan y naill neu'r llall.

Gwyddai John a Rita dipyn am ei gilydd erbyn hyn, oherwydd eu mynych swpera ynghyd. Roedd o'n byw efo'i frawd a'i chwaer-yng-nghyfraith, rhywle yn Nhre-Adda, yn ofalwr nos mewn rhyw stordy, yn dechrau'i waith tua 8.30, ac yn cael un noson o bob pump yn rhydd. Âi am beint efo'i frawd, i'r dafarn lle y cyfarfyddon nhw, Rita ac yntau, ar rai o'i nosweithiau rhydd. Ond yr oedd yn treulio'r gweddill efo hi. Bu'n löwr un tro, cyn i'w wynt fynd yn fyr, ac roedd ganddo bensiwn bach byth er hynny, er mai dim ond ychydig dros ei saith a deugain oedd o. Yr oedd yn cofio'i dad a'i fam yn Nhredegar, ond roeddyn nhw wedi mynd i'r nefoedd ers amser maith. Gwisgai'r gôt ddu fawr yna bob amser, siwt las dywyll yn sgleinio'n rhyfedd, crys gwlanen llwyd a'r grafat yna—ac esgidiau mawr.

Yr oedd o wedi adrodd ei hanes wrthi hi, o bryd i'w gilydd, ac wedi cael ei hanes hithau drwy holi a stilio achlysurol. Doedd hi ddim yn sgut am sgwrsio. Bron na ddywedech chi nad oedd ganddi hi rieni, nac unrhyw berthnasau. Plentyn y Cartrefi oedd hi, o Benfro'n wreiddiol, ac wedi treulio'r rhelyw o'i blynyddoedd mewn rhyw fath ar ysbytai ym Mrycheiniog. Ac yr oedd o'n gwybod nad oedd hi ddim yn hoff o siarad, o heddlu, o drin arian, nac o wyau na menyn na chig porc.

Yr oedd ganddi gorff anifeilaidd o hardd, yn gryf a lluniaidd. Diau fod yr olwg bŵl yna yn ei llygaid yn arwydd o natur nwydwyllt, a châi John wefr bob tro yr estynnai ei llaw i gyffwrdd ag unrhyw ran o'i gnawd oedd wrth law, yn foch neu law neu unrhyw beth arall. Dwylo cwrs ac ewinedd hollt, budr oedd ei phrif nam—ei ddoli fach o. Yr oedd ei phen braidd yn fychan hefyd, o'i thalcen o leiaf, a chen truenus yn difetha'r gwallt du yna. Efallai fod yna ryw elfen dramor ynddi. Pryd tywyll, llygaid a gwallt fel y fagddu, a phennau duon

70

oherwydd fod ei chroen hi mor seimllyd. Ond roedd ei dannedd yn fawr ac yn gyson eu ffurf, ac yn wyn i'w ryfeddu. Gofalai amdanynt yn ddiwyd iawn.

Ar ôl swper, taflu'r tuniau a'r caniau i'r cwdyn a golchi'r llestri, a dechrau ar weddill y ddefod. Yr oedd sosbennaid arall o ddŵr wedi ei ferwi ar y cylch, a golchodd John wallt Rita efo sachaid bach o siampŵ o'i boced. Sychodd y gwallt byr, di-doriad, yr oedd wedi ei docio'r tro diwethaf. Yna rhoddodd hi i eistedd ar gadair ger y tân, a'i gwallt mewn clipiau wedi eu gosod yn afrosgo, a mynd ati i dorri a glanhau ewinedd ei dwylo a'i thraed efo'i siswrn poced a neisied. Derbyniai hi'r driniaeth yn llonydd ddigon, gan wrando o hyd ar y radio, a siglo'i phen a'i haelodau rhydd yn hynod gytûn â'r miwsig. Llaesai ei gwefusau i eiriau'r canwyr, fel pysgodyn yn anadlu ar wyneb y dŵr.

Heb ei chymell, wedyn, tra golchai John ei siswrn a'i ddwylo, aeth hi i orwedd ar y fatres, yn ei sgert gota a phìn-cau yn dal lle'r oedd y sip wedi torri, siwmper werdd, sanau byr llwyd a dapiau duon am ei thraed. Yr oedd y fodrwy aml-garegog a roddodd Cliff iddi yn y gweithdy y Nadolig diwethaf yn dal ar ei llaw chwith, yr ail fys. Gerllaw ei phen daliai'r transistor i ganu. Daeth John yn ôl a diffodd rhai o'r canhwyllau, eistedd ar waelod y fatres a thynnu'i esgidiau mawr a'i siaced. Yna, gorweddodd wrth ei hochr a thaenu'r rygiau drostynt. Yr oedd o'n dyner ac yn ofalus ohoni.

Suai'r miwsig ymlaen gan sboncio'n fywiog, a ias yr offerynnau pres yn treiddio drwyddi. Weithiau, mi blyciai ambell nodyn o'r gitarau trydan dannau cudd ynddi hithau, a gwneud iddi sythu fymryn—a chamarwain John druan. Yr oedd ei meddwl ar Cliff a'i addewid i ddengyd a chael hyd iddi, fel y gallent fyw efo'i gilydd. Rhedeg i ffwrdd ymhell, bell. Ffawd-heglu i Glasgow, fel roedd Gloria a Meic wedi ei wneud. Mi fedrai hi wneud bwyd yn o lew erbyn hyn, gyda help. A hwyrach y buasen nhw'n cael babi bach del, iddi hi ei fagu. Châi hi ddim babi gan John. Roedd o wedi addo. Roedd o'n neis ac yn garedig; wrthi'n ei bodio hi rŵan ac yn dechrau rhoi'i law y tu mewn i'w dillad isaf hi. Doedd o ddim ar frys, fel Cliff. Ond Cliff oedd ei hogyn hi. Lledodd ei hun er mwyn helpu John a theimlai bwysau'i gorff yn rholio arni. Cyn hir, yr oedd o'n mynd i mewn iddi, yn galed ac yn gynnes, ac yn symud yn ôl sŵn

71

y drwm yna draw yn Luxembourg. Roedd hi'n medru ymateb i rythm. Gafaelodd yn ei glustiau a symud ei chluniau a'i ffolennau a'i llwynau fel pe bai'n dawnsio yn y Neuadd Adloniant, i record gan Gary Glitter neu'r Stones; ei bol yn torsythu ac yn encilio fel ei gorff yntau, a hithau'n dyheu am Cliff.

Yr oedd John wedi gorffen, ond ymlaen, yn ôl rhythm y record yr âi Rita, gan nofio i ffwrdd ar dannau'r miwsig diddiwedd, nes cyrraedd diweddglo stacato, bap-bap-bap y record.

Erbyn hyn, yr oedd John wedi dod allan o'r tŷ bach ac yn rhoi sosbennaid arall i ferwi—i gael paned fach cyn ymadael. Mi yfai hi ei the ar ei llorwedd, a gadael y radio i'w suo-ganu i gysgu wedi iddo fynd. Yr oedd yn dda iddi wrtho fo. Gresyn na fedrai o ddod gyda hi i'r siop i wario'r arian yr oedd o'n ei roi ar y bwrdd rŵan, yn lle bod y ferch talu yno yn ffraeo ynghylch y cwponau roedd Pat wedi'u rhoi iddi, ac yn gorfod helpu'i hunan i'r arian o gledr llaw Rita.

Mor braf fyddai cael rhywun yn gefn iddi, yn byw efo hi yn fan'ma—ei lle bach hi. Peidio â mynd i Glasgow. Cael wardrob a theledu a blodau plastig yn fan hyn, a bwrdd a llun coedwigoedd a llynnoedd arno, a llenlieiniau yn yr adwy a arweiniai i'r gegin, a gramoffon a golau trydan, a stof, a dŵr poeth—a digon o ffags! Cael Cliff, ac yntau'n cael gwaith neu'r dôl. O, a leino ar y llawr i gyd. Ddylai hi drio'i ffônio fo, mor bell—ac mor anodd i'w wneud o. Costio ffortiwn, siŵr o fod. Pe bai'n medru sgwennu llythyr, mi fydden nhw'n ei ddarllen o. Ond mi ddôi o hyd iddi rywsut. Mi âi hi bob Sadwrn i'r Tywysog Cymru, lle'r oedd o wedi dweud ei fod o'n mynd pan oedd o'n cael ei draed yn rhydd o'r lle yna erstalwm.

Gobeithio nad oedd o yn y carchar unwaith eto, rownd y gongl. A gobeithio'i fod yntau'n meddwl amdani hi rŵan, wrth fynd i gysgu heno. Rhoddodd sws i'r wybren, a gwenu ar y lleuad, wrth gau ei llygaid yn derfynol, y noson hon.

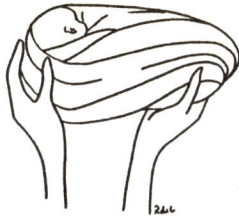

## Y WYRTH

Y Nefoedd Fawr, faint sy yna o risiau eto, tybed? Dyma le i ddŵad iddo ar ddiwrnod fel hwn. Baw gwartheg yng nghanol yr eira yna, hyd fy sgidiau i i gyd. Dwi'n siŵr fod yr hogia yn yr ysbyty'n cael amser gwych arni. Dim ond deng mlynedd sy er pan godwyd y tenement yma, meddan nhw, a dyma'r lle'n draed moch yn barod. Mi gymerith hi genhedlaeth neu ddwy i ddysgu'r bobl yma sut i fyw'n weddus ar ôl y cafnau oedd gynnyn nhw yn adeg y Saeson. Mi fydda i'n chwil os edrycha i dros y balconïau yma eto; balconi ar hyd pob llawr o ddwsin o fflatiau, yna grisiau a'r un peth eto, lawr ar ôl llawr. 'Wyddoch chi ble mae Mrs Flynn yn byw?' 'Rhif 141, mistar; be 'dach chi eisiau yno?' atebodd côr o geriwbiaid budr. Un llawr arall felly. Dyma ni: 'Fflatiau 131-142'; rŵan, i'r dde felly— '38, '40, '41—dyma fo. Neb yn y drws yn disgwyl. Hm.

'O, chi sy 'na,' meddai'r wyneb pantiog a barf tridiau arno a ddaeth i'r drws. Yna, gan edrych ar y bag yn llaw Alun, ychwanegodd, 'Dewch i mewn, Doctor, mae ichi groeso.' Aeth Alun drwy'r drws a gweld ystafell heb garped, yn llawn ac yn llwm, a drws arall yn addo cegin neu siambr yn y gongl ar hytraws. Yr oedd yna fwrdd, dwy gadair uchel ac un hen gadair freichiau, lle tân, stof nwy yn un gongl, a gwely dwbl yn y llall. Yn erbyn un wal gorweddai matres fach, ac yr oedd yna ddarn o linolewm newydd ar yr aelwyd. Ar silff y ffenestr, yn ymguddio rhwng y llenni brau, roedd preseb bach wedi ei oleuo â channwyll. Daeth hen wraig stwca, creithiog ei hwyneb, i mewn drwy'r drws pellaf. Y nain, mae'n amlwg. 'Mae hi yn y tŷ bach. Mi ddaw hi atoch chi rŵan,' meddai, gan sychu ei llaw yn ei brat a'i chynnig iddo. Camodd y tad drosodd at y radio a'i thewi. 'Dydi hi ddim wedi mynd yn bell iawn, wyddoch chi Doctor,' meddai'r hen wreigan wedyn gan glirio'r

73

bwrdd, 'ond mae'r dŵr wedi torri ers rhyw ddwyawr, a minnau'n meddwl y basa hi'n well ych ffônio chi mewn da bryd wrth 'i bod hi'n ddiwrnod mor brysur arnoch chi heddiw.'

'Popeth yn iawn. Mae'r gwewyr wedi dechrau felly.'

'Yndi. Mae'r poenau'n dŵad bob rhyw ugain munud rŵan, Doctor. Well iti fynd allan am dro, Bob, a thyrd â photel nogin o Jameson 'nôl hefo chdi.'

Sythodd y tad o'i annibendod, cydiodd yn ei gap unwaith eto, taflu golwg dyner ar y drws pellaf, ac allan ag o.

'Mae o heb waith, y creadur, ers bron i ddwy flynedd. Dwi wedi gyrru'r plant eraill i gyd at gymdogion. Mae gen i ddigon o ddŵr yn berwi ichi, Doctor,' meddai'r hen nain gan ddechrau ffwdanu. 'Dwi'n hen law wrth y gwaith, fel 'dach chi'n gweld,' a chwarddodd yn ysgafn i lawr ei thrwyn.

Tynnodd Alun ei daclau allan o'i fag fesul llawiad, a'u gosod yn eu trefn ar y bwrdd. Mat, brat a menig rwber, wadin cwrs, *Dettol*, clorian rwyd, powdwr di-had, llinyn a gefail fach a siswrn. Gadawodd y gefeiliau-pen yn ei fag yn ffyddiog.

'Dyma'r chweched, 'te?'

'Ia, Doctor. Mi gafodd hi efeilliaid ar y trydydd.'

'Faint ydi'i hoed hi rŵan?'

'Pymtheg ar hugain. Mi fuo gen i un ar ddeg, ond mi gleddais i ddau yn y 'Merica, ac mae tri'n gweithio yn Lloegr. Estron 'dach chi 'te, syr?'

'Ia. Cymro.'

'Mae yna lot o ddoctoriaid estron yn y Rotunda, yn 'toes?'

'Oes, rhai o bob man. O, dyma hi.'

Daeth y fam welw i mewn wysg ei hysgwydd drwy'r drws pellaf, a rhoi ei llaw ar gongl y silff ben tân.

'Dewch at y gwely, Mrs Flynn.' Gafaelodd y doctor yn ei dwylo a'i thywys fel plentyn yn dysgu cerdded. Sythodd ei chorff mewn gwewyr wrth iddi gyrraedd y gwely, ac yna suddodd yn ôl arno'n llipa. 'Mi gewch chi bigiad gen i i leddfu'r boen y munud y daw'r nyrs.'

'Diolch, Doctor.'

Yr oedd yr hen wraig yn cario powlen enamel lydan, yn ageru fel thuser, wrth iddi ddod yn ôl i'r ystafell. Gosododd hi ar y bwrdd yn

74

ofalus, yn arwydd o barch i'r celfi meddygol, ac aeth at ei merch i ddal ei llaw.

'Gorweddwch ar ych cefn rŵan os medrwch chi, Mrs Flynn, imi gael gwrando ar galon y babi. Dyna ni, ara deg, does yna ddim brys,' meddai Alun gan feddwl wrtho'i hun: 'Mae'n siŵr fod yr hogia wedi gorffen y ddiod i gyd, erbyn hyn.'

'Rŵan 'te, Mrs Flynn,' ymaflodd yn ysgafn yn y chwydd anniddig ym mol y fam, a chwilio am ben ac ysgwyddau a chefn baban. 'Iawn. Mae'r plentyn yn ei le. Does dim eisiau ichi boeni,' meddai wedyn, gan deimlo cefn y baban at lwyn chwith y fam, yr ysgwydd a'r gwddf yn ddyfn i mewn uwchben ei chedor, a'r pen yn amlwg wedi cychwyn ar ei daith drwy ei sianel arfaethedig. Rhoddodd ei stethosgop dros gefn y baban a chlywodd sŵn curiad cyflym, yna teimlodd â'i law guriad calon y fam yn ei garddwrn—nid oedd y ddau guriad yn dilyn ei gilydd yn union; calon y plentyn oedd i'w glywed yn ei stethosgop felly. Mae o'n fyw. Oriawr: un, dau, tri . . ., dau ddeg chwech mewn chwarter munud—cant a phedwar; gwych, dim brys. 'Dyna chi rŵan, Mrs Flynn. Popeth yn mynd yn iawn. Mi archwilia i chi o'r gwaelod—dim ond i wneud yn siŵr.' Maneg a *Dettol*. 'Trowch ar ych ochr chwith. Dyna fo rŵan.' Ceg y groth wedi agor hyd at led dau fys: rhyw dri-chwarter neu awr eto. 'Yn ôl ar ych cefn; dyna chi. Fyddwch chi ddim yn rhy hir. O, dyma'r nyrs wedi cyrraedd.'

Daeth cap a chôt law gaberdîn glas drwy'r drws, a throdd y nyrs atynt: 'Mae yna dipyn o risiau at y lle yma!' Yr oedd ei hwyneb yn gwrido o oerni—wyneb bychan, cyffredin, caredig.

'Mae ichi groeso, nyrs,' meddai'r hen wraig, 'mi a' i i nôl paned ichi. Mae'n siŵr ych bod chi wedi fferru ar ôl dŵad drwy'r eira 'na.'

'Diolch yn fawr. Sut mae hi'n dŵad, Doctor?'

'Lled dau fys a gwewyr bob rhyw ugain munud. Y babi'n iawn: C2, curiad cant a phedwar. Y chweched. Wnewch chi fesur ei phwysedd gwaed hi imi a rhoi chweched o *Omnopon* iddi wedyn, os gwelwch yn dda?'

'Gwnaf yn siŵr, Doctor. Helô, Mrs Flynn,' meddai hi wedyn wrth droi at y fam feichiog. Ar ôl diosg ei chôt, tynnu ei sbandiau starts, a thorchi ei llewys estynnodd chwistrell a ffiol o'i bag. Lapiodd lawes y sphygmanomedr o amgylch braich Mrs Flynn. 'Cant ac ugain dros wyth deg, Doctor. Mi ro i'r pigiad iddi rŵan.'

'Diolch yn fawr, nyrs.' Tynnodd Alun yntau ei gôt a gwisgodd y brat rwber, torchodd ei lewys, gosododd ei fenig rwber yn dwt wrth law, ac eisteddodd i ddisgwyl.

Aeth yr hen wraig allan ar y balconi i daflu'r dŵr budr o'r bowlen. Yr oedd bron pawb i mewn yn eu fflatiau, fel y gellid disgwyl, ar wahân i wraig 137 a oedd yn esgus sgubo'r rhiniog ag un llygad ar rif 141. 'Am ddiwrnod i hyn ddigwydd, 'te,' dechreuodd yr hen wraig. ''Dach chi wedi gorffen ych cinio, mae'n amlwg. Chawn ni fawr o wledd heddiw, run fath â thair blynedd yn ôl. Dwi'n gobeithio y byddan nhw'n rhoi'r gorau iddi rŵan, Mrs Cullen. Maen nhw'n llawn ddigon hen a does yna ddim lle i ragor yma beth bynnag. Ond dyna fo, mae'r creadur heb waith, a dim llawer ganddo i'w wneud, druan ohono. Mae'n lwcus fod Nuala wedi cael ei phen blwydd yn bedair ar ddeg fis yn ôl. Mi fedar hi fadael o'r ysgol rŵan a chael gwaith. Mi fûm i'n holi drosti ddoe yn y farchnadfa newydd yna yn Stryd Moore. Mi fasa rhyw bedair punt dros ben yn help mawr i dalu am fwydo'r un newydd—a does ond gobeithio i'r Tad na fydd 'na ddim ond un y tro yma. Mi fuo'r ddynas S. Vincent de Paul yna yma echdoe yn holi'n moddion ni ac yn gofyn oedd arnon ni eisiau rhywbeth yn arbennig at yr ŵyl. Mi gafodd hi ŵyl gen i; mi ddwedis wrthi faint oedd tan Sul; mai pres at gael llefrith a chlytiau i'r babi oedd 'i angen arnan ni, nid rhyw bapur ffansi i wneud y tŷ'n ddel, a rhyw betha bach ll'waeth i'r plant. Un fusneslyd ydi hi hefyd. Mae hi fel tasa hi'n crino i gyd wrth ddŵad i mewn i'r tŷ acw, ac ofn eistedd i lawr. Gwraig rhyw arwerthwr ydi hi, dwi'n meddwl, ac mae'n debyg nad ydi o ddim yn rhoi hanner digon iddi i'w wneud. Dim ond rhyw ddau o blant sy ganddi a'r rheini i ffwrdd mewn rhyw ysgol grach. Be mae eisiau iddi hi a'i siort ddŵad yma i fusnesu efo ni, tra mae rhyw hogan ddiarth yn cael ei thalu am redeg ei chartref iddi hi.

'Mi fydd yna le yn y pram i'r un newydd, diolch i Dduw, efo Grania fach a'r siopio, ond dwn i ddim ple ar y ddaear rydan ni am gysgu i gyd. Mae'r rhai hynaf yn gweld llawer gormod er 'u lles nhw fel y mae hi rŵan, a liciwn i ddim meddwl be sy'n digwydd ar droadau'r grisiau y tu allan yma gyda'r nos. Diolch ichi 'run fath am gymryd yr hogia heddiw iddyn nhw gael tipyn o'r ŵyl, ac am roi'r anrhegion bach yna iddyn nhw; roedd Tomi ar ben 'i ddigon, y creadur. Ro'n i wedi meddwl diolch ichi hefyd am sôn am yr arwerthiant yna yn McBirney's. Mi ges i glytia yn rhad iawn yno fel y deudsoch chi. Ylwch Bob yn dŵad allan o ddrws cefn Swift's. Mae o'n lwcus i gael mynd i mewn heddiw—ond mae o'n gwsmer go dda mae'n debyg. Lle mae o'n mynd eto rŵan? Yn syth dros y lôn ac am Ryan's ar y gair. 'Dach chi'n 'i weld o wedi gwaelu? Does yna fawr o faeth yn y ddiod yna, a dydi o ddim yn cael cig yn aml rŵan, dim ond ambell bryd o gig moch a bresych.'

*    *    *

Ryan's Select Bar myn diawl! 'Run fath ydi'r tafarndai yma i gyd. Mi gaf i ambell beint heddiw i ddathlu; a rhagor wedyn fory, mae'n debyg, i ddathlu'r bychan. Y tafarnwyr a'r rhai sy'n gweithio, chwarae teg iddyn nhw. Mi fydd y dôl a'r tâl plant yn codi, a'r cymorthdal gobeithio. Trueni fod yn rhaid i Nuala fynd i weithio; mae hi gymaint haws i ferched gael gwaith yn yr hen ffatrïoedd bach newydd yma. Sgen i ddim syniad faint dwi'n 'i gael rŵan. Mae Maureen acw'n rhoi'n reit dda fel y bydd angen, ond rhyw fegera peintia ydi fy hanes i ers i'r ffatri yna gwtogi ar ei staff. Dew, mi faswn wedi licio prynu tipyn i'r plant at heddiw, a rhoi rhywbeth i Maureen. Rhyw froc-môr ydw i, 'te. Mi fasa hi'n llawer gwell imi tawn i wedi mynd i Loegr yr adeg yr aeth Dermot yno, a gyrru pres adre. Rhyw fywyd od sy gen hwnnw wedyn, byw ac yfed yn Camden Town a gyrru'r rhan fwya o'i gyflog yn ôl i Linda. Dydi o ddim wedi cael mwy o deulu ar ôl mynd, beth bynnag. Ella y basa Maureen a'r plant wedi medru dŵad yno ar fy ôl i. Ond wedyn mi fasa hi'n anodd ar y diawl gadael yr hen Coombe, a'r holl hen ffrindia, a'r Clwb Pibwyr a phopeth. Gorfod dŵad drosodd ar y trên a'r hen gwch yna i angladdau a phetha felly; efo bag bach sgwâr, a sgwâr o ddu ar lawes fy nghôt.

Pam na wnân nhw agor y llefydd yma heddiw? Rhyw chwarae plant ydi peth fel hyn. Dwi'n siŵr 'mod i'n clywed sŵn melodeon a ffidil wrthi yn y stafell gefn. O, dyma Phil yn dŵad i agor imi o'r diwedd.

*    *    *

Yr oedd hi'n bum paned diflas ymhellach ymlaen yn hanes bywyd Alun pan ddaeth llais y fam, yn ddistaw wedi'r gwewyr:

'Dwi'n meddwl fod rhywbeth yn digwydd, Doctor.' Llamodd Alun at y gwely: wyneb y fam mewn ing tawel, ei chorff yn llifo allan; cryndod fel y creu. Gwasgodd ei bysedd gnawd ei fraich hyd at boen. Â chledr ei law tywysodd y doctor gorun y baban fel yr ymddangosai'n araf o gôl cariad. Daeth y gwegil i'r golwg, ac yna gadawodd i'r gwddf sythu'n araf a datguddio talcen a thrwyn, ceg a gên. Yr oedd dwylo Alun yn cofio sut i droi'r plentyn o un ochr i'r llall wrth ei dywys wysg ei ysgwyddau—un ar y tro, ystlysau, coesau, traed—llef. Wele fe anwyd! Fel y clymai'r doctor gortyn y bogail mewn dau le a thorri'r bywyd yn ddau, trodd dioddef y fam yn ddagrau balchder, gwridodd calon y bochau gwelw ac mewn ychydig, wedi iddi esgor ar y brych, cafodd ddal y baban i'w mynwes ac addo maeth.

Golchodd y doctor a'r nyrs eu dwylo; sigarét bob un. 'Wel, dyna chi, Mrs Flynn. Mab arall, chwe phwys a deg owns, a lot rhagor o waith golchi ichi! Mi ddôn ni i'ch gweld eto fory.'

'O, diolch, Doctor, am bopeth—a chithe, nyrs. Be faswn i wedi'i wneud hebddoch chi, dwedwch?'

Aeth yr hen wraig i nôl y tad oddi ar y balconi y tu allan, ac yfwyd croeso i'r baban newydd mewn wisgi. 'Wel nyrs, mae'n well inni fynd.' Yr oedd y ddiod wedi atgoffa'r doctor am Vincent a'r parti.

Wrth iddyn nhw brysuro i lawr y grisiau fe welsant dri chrwt ar eu ffordd i weld beth oedd wedi digwydd. 'Mae gwyneb y dwetha yna mor fudr ag Arab,' meddai Alun. 'Dyma gythraul o ffordd i dreulio'r Dolig, 'te nyrs? Does yna ddim ond gobeithio y bydd rhyw Samaritan trugarog wedi cadw dropyn inni.'

Medrai Enda weld ei dad draw yn y cae ar fin y twyni fel y gadawai'r tŷ a chodi ei law ar ei fam a'i chwaer. Doedd o na'i dad ddim am ddangos fod unrhyw arbenigrwydd i'r diwrnod, ac felly daliodd hwnnw ati i durio am dyllod draw yn y cae pellaf, er mwyn cael lle i osod rhwydi i ddal cwningod byw ar gyfer Ysgol Feddygol Galwy. Gwyddai iddo roi pob rhybudd i Enda laweroedd o weithiau eisoes, ac roedd wedi eu hailadrodd yn gynnil wrth sgwrsio wedi'r alwad ffôn yna neithiwr. Dweud am drafferthion rhyw fachgen arall mewn cwch wnaeth o: taro'r postyn i'r pared glywed.

Roedd Enda yn bymtheg oed ers wyth diwrnod, ac yn laslanc talgryf, heini, ond nid oedd yn un o'r mwyaf na'r cryfaf o'i gyfoedion yn Ynysoedd Aran. Er hynny, yr oedd iddo yntau ei arbenigrwydd, gan iddo gael mwy o brofiad fel badwr na nemor yr un o'i ffrindiau yn yr ysgol. Ond yn ddim byd o'i gymharu â phrofiad ei frodyr hŷn. Yr oedd Peadar a Seoirse yn hen lawiau ar drin cwch, boed gwrrach neu fad modur, neu hyd yn oed dreillong erbyn hyn. Ac roedd Peadar wedi cael mynd efo'r dyn yna o Áth Luain yn ei gwch hwylio'r haf diwethaf, a gosod y gilbren a chodi hwyliau iddo. Ond ni chafodd o, er mawr ofid iddo, ddim dal y llyw unwaith. Dim ond punt am ei drafferth ar ddiwedd pythefnos. Erbyn hyn yr oedd Peadar a Seoirse yn ddynion, Seoirse bron yn bedair ar bymtheg oed, a'r ddau yn pysgota treillong y rhan fwyaf o'r flwyddyn, yn glanio'r helfa yn Rós a Bheal, a chysgu yn Galwy ambell noson yn yr wythnos yng Ngwesty'r Castell os bydden nhw wedi dŵad â'r pysgod i borthladd mawr y ddinas. Doedd o ddim wedi cael mynd efo nhw yn y dreillong i bysgota, ond fe gafodd ddŵad yr holl ffordd o Galwy un tro, wedi bod yn cael tynnu ei ddannedd. Ac yn druenus o fethu ymuno yn y wledd o gig eidion ffres, tafelli mawr o fara soda a mygeidiau o de cryf, wedi eu darparu gan Seoirse. A phawb yn gwrando'n astud ar bob cyhoeddiad am y tywydd a ddôi ar Radio Eireann. Yr oedd Seoirse yn aelod o griw y bad achub hefyd. Rhyw ddydd mi gâi Enda fynd efo nhw, ond ar hyn o bryd dim ond mynd efo'i dad wnâi o, mewn cwrrach i osod a chywain helfa cewyll cimychiaid a helpu i glymu crafangau'r cimychiaid a'r cimychiaid coch, a thynnu crafangau'r crancod mwyaf cyn bwrw'r gweddillion yn ôl i'r eigion. Mynd dro arall pan fyddai ei dad yn hebrwng pobl oedd wedi dŵad o'r tir mawr ar yr agerlong, ac am fynd o Inis Meán i'r ynys fawr, Inis Mór, neu i'r un ddeheuol, Inis Oírr. Gweision gwladol gan mwyaf, pobl o'r weinyddiaeth amaeth yn dŵad i gynghori ar dyfu tatws a bresych, neu ar gadw ieir, neu ambell ddeintydd neu arolygydd yn ymweld â'r ysgolion. A neithiwr, a braich ei dad heb wella digon i rwyfo, a'r brodyr hŷn yn dal yng Ngalwy, dyna pryd y daeth yr alwad honno ar y ffôn yn gofyn am fynd ag ymwelydd annisgwyl, twrnai o Ddulyn, o Gill Éinne ar Inis Mór i Inis Oírr, i dŷ hen wraig y post, heddiw. Twrnai o Ddulyn yn dŵad â hanes rhyw ewyllys perthynas wedi marw yn yr Unol Daleithiau.

Roedd hi'n ddiwedd Mehefin, a'r gwair ar ymyl y llwybrau'n merwino oherwydd yr heli a'r haul crasboeth. Ar y llyn heli draw yr ochr arall roedd yr elyrch yn llonydd megis wrth angor ar y dŵr di-grych; popeth yn dawel ar wahân i ambell gwtiar neu iar ddŵr yn stelcian rhwng y brwyn a'r tostfrwyn ar y glannau. Ar lan y môr roedd yr eigion yn rhy ddiog a bodlon i hyrddio unrhyw don at y traeth, ac roedd ymchwydd y llanw megis dyn yn cysgu'n braf. Ger y lanfa fechan yr oedd hen wreigan mewn siôl ddu yn hel broc môr a gwymon yn hamddenol, er gwaethaf y gwres, a chawell ar ei chefn i ddal ei chnwd. Doedd dim cyffro yn unman nac unpeth ond yng nghalon Enda.

Canodd pioden fôr yn groch gan serio'r tawelwch, ac ar y gri gwelodd Enda'r ymwelydd o'r brifddinas, draw ar yr ynys fawr, rhyw filltir i ffwrdd, mewn trywsus parchus nenlas ac anorac goch lachar, a chap gwau gwyn Aran newydd sbon am ei ben. Eisteddai ar y traeth ar dywyn gorllewinol Inis Mór, ger Iararna, yn hollol amlwg yn erbyn y cerrig llwydion a'r tywod arian. Cododd Enda ei law arno nifer o weithiau cyn i'r dyn sylwi a sylweddoli pwy oedd o. Cododd wedyn a chwifio'i law mewn ateb. Amneidiodd Enda arno i fynd draw i draeth Penrhyn Ci lle'r oedd traethell fach gysgodol, a digon o dywod heb gerrig. Nid bod angen llecyn cysgodol heddiw. Roedd ei dad wedi cael diwrnod delfrydol i adael i'w fab fynd am y tro cyntaf fel hyn, ond roedd y rheolau'n dal. I'r traeth bach yna y dylai fynd os nad oedd am fynd draw i lanfa Cill Éinne neu i'r porthladd yng Nghill Rónáin. Ond roedd y rheini'n

80

bell, yn rhy bell i Enda fedru rhwyfo os oedd o am fynd i'r ynys arall yn ogystal.

Yr oedd y twrnai wedi deall, ac yn ymlwybro draw i'r penrhyn. Aeth Enda yntau yn ei flaen i lawr i'r traeth lle'r oedd cyfaill i'w dad wedi cario'r cwrrach at y lanfa cyn cinio, a'i chlymu wrth dennyn yn sownd wrth y cylch rhydlyd yn y meini. Gwelodd Enda nhw wrthi lawer gwaith, yn mynd o dan y cwch nes ymgolli y tu mewn i'r chwilen fawr o estyll hirfain, tenau wedi'i gorchuddio â chynfas pygddu. Cerddent wedyn, a'u traed yn eiddo chwilen, i lawr at ymyl y môr, troi'r cwch drosodd yn gelfydd araf, a'i gosod ar ei chefn yn dyner. Ond doedd dim angen hynny rŵan, diolch i Dduw. Yno'r oedd hi, yn fwy ac yn hirach nag arfer, yn wynebu'r môr mawr. Er ei fod yn dawel heddiw gwyddai Enda fod tonnau yn torri ar Aran ar ôl codi yn Newfoundland. Ond llyncodd ei ofid gan ymgroesi rhag peryglon y gwyddai'n rhy dda amdanynt, a gweddïo'n hynod daer. Tynnodd ei ymysgaroedd ato, a draw ag o i nôl y rhwyfau o fôn y clawdd cerrig sychion lle y gosodid gwymon i sychu'n lludw. Aeth i mewn i'r cwrrach, a gosod darnau trionglog, tyllog y rhwyfau ar y rhwyfbinnau pren ar ochrau'r cwch. Gwthiodd ei hun o'r lanfa a rhuthro i ymaflyd yn y rhwyfau. Yr oedd ar y môr! Yn gapten ar ei long ei hun, a theithiwr yn ei ddisgwyl dros y dŵr. Chwyddodd ei frest ac aeth ei freichiau a'i ysgwyddau'n frochus wrth iddo dynnu ar y rhwyfau ysgafn, di-lafn a halio'r cwrrach dros y dŵr. Edrychodd dros ei ysgwydd i weld lle'r oedd o ac i sicrhau, fel y dywedai ei dad, fod trwyn y cwch yn mynd ar hyd rhychwant o hen gaer Conor ar ben ei ynys o i oleudy Cill Rónáin. Gwyddai fod llif y môr am ei dynnu i mewn i'r gogledd ychydig ac y glaniai'n o agos at Benrhyn y Ci wedyn. Ond gwell iddo beidio ag ymgolli yn ei bleser, neu mynd ar gyfeiliorn fyddai ei hanes.

Sylweddolodd ymhen ychydig fod ambell lygad yn ei wylio, ambell laslanc a glasferch yn sbecian dros ben y cloddiau. Tybed oedd y ferch dal yna oedd ar ei gwyliau yno'n sbio? Yr oedd yr hen wraig wedi rhoi'r gorau i'w chwilota, ac o'r tu cefn iddo'n ddiau byddai'r teithiwr talog yn mesur medrusrwydd y cychwr yn awchus, ar ôl gweld mor ifanc oedd o. Gobeithio i'w dad roi geirda iddo ar y ffôn neithiwr, ond tybed a ddywedodd o mai dyma'r tro cyntaf iddo gael mynd fel hyn ar ei ben ei hun?

Cyrhaeddodd Inis Mór yn ddidramgwydd, diolch i Dduw, ac estyn am fag a chamera Mr Mac Reamoinn, dyn wynepgoch a chanddo fwstas a dwy ên. Ceisiodd Enda ymddangos yn ddigyffro ac yn brofiadol wrth osod y dyn i eistedd ym mlaen y cwch a'i sicrhau fod cwrrach yn fad diogel iawn, ac mai er mwyn cadw cydbwysedd yn hawdd, ac er mwyn peidio â rhoi gormod o afael i donnau arnyn nhw yr oedd y rhwyfau'n ddi-lafn. Ddywedodd y dyn ddim, bron, wrth i Enda dynnu am ei draed a mynd allan i wthio'r cwch yn ôl i'r dŵr, gyda pheth ymdrech.

Cyn bo hir roeddyn nhw'n mynd yn braf yn ôl ar draws culfor Gregori, yn ôl o fewn golygon ei gâr a'i gyfathrach, ond y tro yma roedd o'n mynd heibio iddyn nhw a'r holl ynys ganol, a thrwy'r swnt twyllodrus i lanio yn Inis Oírr. Bu wrthi eisoes am awr, bron, yn blino'n braf, ac yn falch o gael egwyl fach i segura ar ei rwyfau ambell waith, ac ateb cwestiynau diddiwedd Mr Mac Reamoinn, gan ddefnyddio'i ddwylo i gyfeirio at ambell furddun a phentref, a cheisio cofio p'un ai pump ai chwe chant oedd yn byw ar Inis Meán. Roedd yr holwr, un ai o nerfusrwydd neu am ei fod wedi colli pob ofn ac amheuaeth, yn holi a stilio'n ddi-ben-draw ynglŷn â phawb a phopeth ar yr ynysoedd. Ac yn ddiarwybod iddo roedd wedi dangos ei fod yn tybio fod Enda yn ddwy ar bymtheg oed o leiaf, ac yn hen law ar forio; yn fadwr na fyddai na storm na morfil yn mennu dim arno. Rhywun fel ei dad oedd yn medru mynd â'r offeiriad neu'r meddyg o un ynys i'r llall mewn hindda a thywydd garw, yng ngolau dydd neu yn nhywyllwch y fagddu ar noson aeaf.

'Be 'di hwn'na'n fan'cw?' ebe'r twrnai yn fyr ei wynt, a throdd Enda'i ben i weld, gan golli gafael ar bethau a chranco efo'i rwyf nes bu bron iddo ddymchwel y cwch. Yr oedd wedi syrthio ar ei gefn â'i ben ar benliniau Mr Mac Reamoinn. Ar ôl ymddiheuro'n drwsgl mewn cywilydd dwys, cododd ei olygon a dilyn bys cyfeiriol y twrnai, ond doedd dim i'w weld. Ni chynigiwyd esboniad pellach iddo, dim ond ei annog i ddal i syllu i'r un cyfeiriad, ac yna fe'i gwelodd: wyneb y môr yn cael ei drywanu, a llamhidydd yn codi o'r eigion, yn aros eiliad ac yna troelli'n ôl i'r dyfnder.

'O, dydi hyn'na'n ddim byd. Llamhidydd. Mae digonedd ohonyn nhw ffordd hyn,' meddai Enda'n gryg, ac ymaflyd yn syth yn y rhwyfau a cheisio brysio, heb ddangos hynny. Ond yr oedd cymaint

82

o ofn arno nes bod ei gwch, wrth iddo gadw golwg ar y twr ar Inis Oírr yr oedd yn anelu ato, yn ogamu fel llong hwyliau o un tac i'r llall ar ddarn olaf y daith. Yr oedd y ddau'n eithaf balch o gael cyrraedd y traeth arian lle'r oedd rhai o neiaint yr hen wraig yn eu disgwyl yn eu dillad brethyn cartref a'u hesgidiau o ledr amrwd. Daeth dau ohonyn nhw, yn llabystiaid hoyw, i dynnu'r cwrrach o'r môr i'r traeth fel pe na bai ond crud cludo. Ffarweliodd y twrnai a dweud y ffôniai dad Enda wedi iddo weld sut yr oedd pethau'n mynd drannoeth. Rhoddodd gil-dwrn da i Enda a'i gyfarch y tro yma fel "machgen i'. Arwydd, ofnai Enda, fod y dyn yn sylweddoli mai glaslanc o forwr oedd o. Ond fe gafodd sgwrs gall efo rhai o'r dynion ar y traeth, ynglŷn â physgota a'r tywydd a phobl Inis Meán, cyn gwthio'r cwch i'r dŵr a chychwyn yn ôl. Aeth y dynion at y lanfa, oedd yn rhy anodd i'w defnyddio â'r llanw ar drai fel hyn. Yno y safent fel yr âi Enda a'i gwch heibio i ddeheubarth yr ynys a chychwyn dros y culfor tuag adref.

Dim ond wedi iddo fynd o'u golwg nhw y medrodd wynebu'r ofn oedd yn ei galon eto. Roedd wedi blino'n arw ac arswyd rhag y llamhidyddion arno. Doedd o ddim wedi meddwl am bethau felly wrth gychwyn allan yn llawn hyder y pnawn yma, a'r tywydd mor sefydlog a braf. Rhad arno petai un ohonyn nhw'n codi o dan y cwch y funud yma. Ond faint gwell oedd o o feddwl am y peth? Dyna oedd ystyr bod ar eich pen eich hun mae'n debyg. Gorfod mentro a bod yn fodlon gweld pethau damweiniol yn digwydd ichi. Ac roedd y cil-dwrn yn annisgwyl hefyd, chwarae teg. Yr oedd cyfarwyddiadau a ffydd ei dad fel canllawiau iddo fo rŵan, llawer ohonyn nhw heb ddŵad i'r cof heddiw, ond ar gael pe bai eu hangen nhw—yno yn y dwylo, lawer ohonynt, wedi eu dysgu wrth glywed ei dad yn traethu, neu o fod yn gwylio ei dad a'i frodyr laweroedd o weithiau wrth iddyn nhw ei morio hi ym mhob math o dywydd ac ar amryfal hynt. Peth mawr oedd cael ei dad i ymddiried y cwrrach a'r teithiwr iddo fo. Mae'n rhaid ei fod o'n o sicr ei fod o'n medru trin a thrafod y cwch yn iawn erbyn hyn. Ond, erbyn meddwl, mae'n debyg ei fod o'n gofidio rhyw dipyn bach, a Mam yn pryderu gartref, fel y buon nhw ambell waith pan fyddai'r dreillong yn hwyr iawn yn cyrraedd o Galwy. Dad yn hel ei draed o gwmpas yr ardd, Mam yn hel meddyliau ac yn holi bob pum munud, nes dôi'r cwch i'r golwg yn y pellter, a gwylanod i'w gweld neu i'w clywed yn heidio o gwmpas yr hwylbren.

Rhyw ddydd fe fyddai ganddo yntau, Enda O h-Iarnain, gwch. Cwch modur mawr, nerthol, i bysgota cimychiaid a physgod cregyn o bob math. Ac fe fyddai'n annibynnol ar ei dad a'i frodyr, yn glanio yng Nghill Mhuirbhí, ac wedyn allan i'r tir mawr, a dŵad ag arian adref i'w fam, a mynd am wyliau i Ddulyn, neu i weld gêm hyrli Iwerddon-Oll, neu draw am wyliau at ei chwaer ym Mostyn hyd yn oed. Yna, rhyw ddiwrnod, hwyrach, priodi efo rhywun o Inis Mór, rhywun y byddai wedi ei chyfarfod mewn Ceilidh yng Nghill Rónáin rhyw noson ŵyl, a chodi tŷ ar ei ynys, ar yr ochr arall i'w gartref. Wedyn mi gâi yntau fod yn benteulu a hyfforddi meibion i fod yn fadwyr medrus a mentrus.

Tynnodd y cwch allan dipyn i'r dehau, i gael gweld i lawr tuag at glogwyni ysblennydd, anferth Mhothair yn swydd Clár. Tu draw, yn y pellter, gallai weld amlinell yr arfordir hyd at waelod y gorllewin yn swydd Ciarraí. Roedd hi'n noson fendigedig, ac yntau wedi mynd yn ei bwysau'n braf wrth hel meddyliau fel hyn. Roedd pobun wedi ymadael â'r traeth, i swpera mae'n debyg, a chlywodd y bioden fôr eto, yn ymateb i glychau eglwysi'r ynysoedd yn canu'r *Angelus*. Cofiai noson gyffelyb gyda'i dad un tro, a'r haul yn machlud i orwel y gorllewin rhwng y ddwy ynys leiaf wrth iddyn nhw ddychwelyd i Inis Meán, yr haul yn belen oren megis costrel yn llenwi â gwin fel y suddai i'r tes oedd yn hofran ar y gorwel.

Heno, roedd yr haul yn dal yn uchel ond roedd awel yn codi ac yn cyffroi wyneb y môr. Deuai o'r tu cefn wrth i Enda anelu am Ceathrú Rua, a chroesi'r swnt. Yr oedd Enda wedi diosg ei ofn a magu hyder. Rhoes ei rwyfau i orffwys yng ngwaelod y cwch ac agorodd logell fach yn y cefn. Estynnodd hen hwylbren fer a'i gosod mewn twll ar ei gyfer yn nhrwyn y cwrrach. Clymodd hwyl flaen fechan ar drawsbren ac ymagorodd y cynfas fel lluman a dechrau llusgo'r cwch rhagddo. Aeth Enda i eistedd yn y cefn a defnyddio'i law fel llyw. Hwyliai'n araf deg braf ar draws cefnfor yr Iwerydd, fel yr aeth Colm-cille gynt, yn ôl y wers yn yr ysgol, o Iwerddon i'r Alban. Daeth gwylan yn agos ato a hofran am eiliad uwchben cyn llamu eto ar y gwynt a diflannu i'r entrychion. Roedd y llamhidydd yn angof, ac Enda ar ben ei ddigon.

84

Wedi iddo gyrraedd ochr fwyaf cysgodol Inis Meán, tynnodd yr hwyl ati, ei datod a'i chadw rhag i'w dad feddwl iddo fentro gormod ar ei daith gyntaf. Wedyn rhwyfodd adref. Awchai rŵan, yn ei flinder, am weld ei dad yn ei ddisgwyl yn swil ond yn falch wrth y Caladh Mór, ac am y swper o gig moch a thatws a bresych melys yr oedd ei fam wedi ei addo iddo heno. A phwy a ŵyr na châi botel o stowt yn yr ardd efo'i dad wrth iddo adrodd hanes y llamhidydd wrtho fo ac unrhyw un arall a ddigwyddai alw?

## RHOSYN RHYDDID

Cofio rŵan: y tro cynta y gwelodd o hi erioed. Eistedd ar fwrdd gyferbyn â hi yn y caffe 'na yn Lisbon. Roedd hi wrthi'n curo'i dwylo wedi'r gân, a'i hysgwyddau main fel megin i'r pellennau llawn dan ei blows wen. Ei llygaid yn taro arno fo; llygaid byw, heriol oedd wedi deffro'i ymwybyddiaeth luddedig, ar ôl yr orymdaith faith a'r awr o areithio gan y sosialwyr yr oedd o i adrodd arnyn nhw i *Cambio* ym Madrid.

Roedd hi'n arwydd o'r amserau, y ferch ddwy ar hugain oed yn eistedd ar ei phen ei hun wrth fwrdd caffe yn yr Alfama, lle'r oedd yr arferion, hyd yn ddiweddar, mor ganoloesol â'r adeiladau. Yr oedd y Chwyldro ar gerdded ers pum mis bellach.

Cofio'r olwg gynta arni, yn mwynhau haul mwyn diwedd pnawn ar ei hwyneb a'i haelodau noeth. Y gwallt hir a'r aeliau hael, yn lluniaidd fel ei thrwyn main a'i cheg hydeiml. Ei Amelia o! Ymestynnai'i choesau o'r fferau athletaidd hyd at gluniau'n diflannu'n golofnau llyfnion dan ei sgert oren; sgert oedd wedi'i thynnu uwchben ei phenliniau i roi mwy o libart i'r haul—ac i'w lygaid yntau.

Roedd hi wedi agor ei llygaid ac eisteddai'n syth i wrando ar y ferch yn canu'r *fado*, rhwng y ddau gyfeilydd ar y gitarau Portiwgeaidd. Cyfarfu eu llygaid. Bathodyn y Sosialwyr ar ei llabed oedd yr esgus dros dorri gair, a sôn am y rali yr oedd hithau wedi bod ynddi. Roedd gan y ddau ddiddordeb dwys yng ngwleidyddiaeth Sbaen a Phortiwgal a llifai'r sgwrsio'n ddidrafferth, ond ei bod hi'n disgwyl gormod o wybodaeth ganddo ar sail ei radd mewn Astudiaethau Lusitanaidd a'i flwyddyn yn Rio.

Roeddyn nhw'n eneidiau hoff cytûn o'r dechrau, a'r pnawn hwnnw mi fuon nhw am dro, i'r bae bach hyfryd hwnnw yn Cabo

86

da Roca, hanner awr o'r brifddinas. Mi fedrai ei gweld hi yno rŵan, yn cerdded o'i flaen fel pe bai ar ei phen ei hun, gan syllu dros ymyl y llwybr ar y clogwyni aruthrol, a'r amffitheatrau yr oedd yr Iwerydd wedi eu naddu ar gyfer ei chwarae cawraidd pan fyddai yn ei wylltaf wae. Roedd y llanw'n isel ac roedd rhimyn o dywod arian y tu mewn i amlinell ddanheddog yr arfordir.

Safodd wrth ei hochr, a'i ên yn union y tu ôl i'w hysgwydd a'i ystlys yn lled-gyffwrdd â'i ffolen hi. Chwifiai'r awel, o mor ysgafn, drwy ei gwallt a'i suo ar draws ei wyneb o. Draw, islaw, roedd y môr ar ei ymchwydd yn pwyllog fyseddu'r tir, ac yn graddol lanw'r ogofâu hyd eu heithaf. Gwyddai'r ddau fod yna awch ynddyn nhw i blymio'n ddeuawd herfeiddiol i'r beisfor.

Trodd hi yn gynt nag o, a diweddu yn ei freichiau wrth iddo fyseddu ymyl dilledyn dan ei sgert denau. Buont yno dro, yn gwrando'r tonnau â'u llygaid ynghau, cyn cusanu'i gilydd yn dyner a dychwelyd lincyn loncyn, law yn llaw, ar hyd y llwybr ac i lawr i draethell unig heb neb ar ei chyfyl. Yno bu'r ddau'n nofio ac yn prancio'n braf, ddigywilydd, gan edmygu cyrff ei gilydd ond heb deimlo rheidrwydd i frysio dim. Roeddyn nhw'n ifanc, yn hoffi rhyddid ac yn ymhyfrydu yn yr ysbryd anturus oedd yn cyniwair drwy holl benrhyn Iberia ar y pryd, yn ei Sbaen o yn ogystal ag yma ym Mhortiwgal.

*     *     *

Dros fwyd wedyn ar y ffordd yn ôl y bu'r mymryn gwrthdaro. Hi'n cael dewis y seigiau, bwydydd ei bro enedigol yn nhalaith Alentejo. Cawl bara, yn llwythog o goriander a garlleg ac wy ar ei ben o, a phenfras wedyn—a Saparilla i'w yfed. Mi fynnodd rannu'r gost, fel y trafod.

Roedd hi'n rhagfarnllyd am Sbaen: yn mynnu fod Opus Dei'n dal i reoli'r wlad, ac am ddal i wneud hynny ar ôl i Franco farw. Gwelai Amelia Opus Dei a'r CIA ym mhob twll a chongl! Ac roedd hi'n hollol ramantaidd yn ei chred fod y Comiwnyddion a'r Sosialwyr am fedru cydweithredu ym Mhortiwgal, a chreu rhywbeth tebyg i'r Gwanwyn ym Mhrâg.

Yr oedd ei gobeithion yn rhy uchel. Ond pwy oedd o, yn Sbaenwr rhyddfrydig oedd eto wedi dysgu cyd-fyw efo'r drefn yn ei wlad, a mynd yn ganol oed cyn bod yn ddeg ar hugain, pwy oedd o i nacáu ei hafiaith hi? Roedd hi wedi'i gyffroi o i gyd, a'i danio â gweledigaeth am fywyd gwerth ei fyw. Roedd hi wedi gwneud gŵr ifanc ohono unwaith eto, ac roedd o mewn cariad â hi dros ei ben a'i glustiau.

*    *    *

Diwedd y noson gynta honno a gofiai o rŵan. Wedi'r trafod brwd efo'i chymheiriaid o'r rali, bu'r ddau ohonyn nhw'n cerdded yn hamddenol ar hyd hen strydoedd cul, coblog yr Alfama, ar hyd glannau Tagus ac at y castell, yn dysgu hanes yr hen ddinas o gyfnod y Visgothiaid, drwy oes yr Arabiaid hyd at y cyfnod diweddar pan oedd y morwyr wedi meddiannu'r ardal. Ar noson loergan fel honno roedd y gwyngalch yn hudolus—a'r balconïau haearn gyr.

Diwedd y daith oedd ei hystafell hi, yn raffia a phosteri a llun Che Guevara, a gwely a rwg Groegaidd las a du drosto. Cynigiodd hi lwncdestun i Ryddid, yfodd ei gwin ar ei ben, a daeth ato'n araf, gan syllu i eithaf ei fod a rhoi ei breichiau am ei wddf.

Doedd dim byd yn union yr un fath wedi digwydd iddo erioed o'r blaen. Cofiai rŵan fel y dôi rhin eu trip i Cabo da Roca'n ôl iddo ym mlasau cyfoethog ei cheg, a'r heli ar ei chroen. Roedd hithau wedi ymhyfrydu yn y chwys ar ei dalcen o wrth i'w nwydau nhw asio'n symffoni o symudiadau. Roedd y tridiau hynny fel melrawd, cyn iddo fo orfod mynd yn ôl i Fadrid i lunio'i erthygl i *Cambio*. A hithau'n rhoi rhosyn iddo wrth iddo fynd i'r awyren. Rhosyn coch, gwaetgoch. 'Rhosyn Rhyddid', meddai hi, 'i Sbaen gael dilyn Portiwgal!'

*    *    *

Yr oedd Juan yn dal i yrru'r car yn ddygn wrth i'w ddychymyg wibio'n ôl rŵan. Erbyn hyn roedd yna bron ddeunaw mis oddi ar iddo fo gyfarfod ag Amelia am y tro cynta. Bu'n ymweld â hi nifer o weithiau ar y dechrau, a bu hithau ym Madrid am bum niwrnod nefolaidd. Wedyn, cafodd ei yrru i Dde America—doedd gan *Cambio* neb arall oedd yn rhugl yn y ddwy iaith. Bu gohebu selog rhyngddyn nhw, yn enwedig ar y dechrau, cyn iddo fo fynd ar grwydr i fannau anghysbell. Ac roedd hithau i ffwrdd weithiau, yn enwedig adeg gwyliau coleg.

Ond rŵan, roedd o wedi perswadio'r golygydd i'w yrru o i lunio adroddiad ar y terfysgoedd yn neheubarth Portiwgal, ac Amelia wedi addo'i gyfarfod yn ei hoff Évora hi. Awchai am weld yr hen Deml Rufeinig a'r bensaernïaeth Fwraidd yn ogystal. Roedd hi wedi sôn tipyn am y lle. Prifddinas Alentejo, dinas mebyd ei thad a lle y ganed hithau. Alentejo, 'lle nad oes cysgod' yn ôl yr hen air. Gwlad y coed corcyn a'r olewydd, y deri bytholwyrdd a'r ewcalyptus. Lle mae pawb bron yn gweithio ar y tir ac yn byw mewn tai isel, gwynion a chanddynt ddrysau a ffenestri bach wedi'u peintio'n las, pinc ac oren. Tai a simneiau iddyn nhw, gan nad oes gysgod rhag y gaeafau geirwon fwy na rhag yr hafau tanbaid. Ond mae yno blasau ac ystadau mawr hefyd, llawer o'r tiroedd wedi'u cipio gan y gweithwyr adeg y Chwyldro. Dyna lle mae'r terfysg wrth i'r awdurdodau geisio adfer y tiroedd i'w hen berchenogion wrth i'r Comiwnyddion a'r asgell Chwith golli tir. Soares wedi gorfod cyfaddawdu.

Roedd o wedi gofyn i Amelia logi lle iddo fo mewn *estalagem* bach, ond doedd dim dal lle y byddai hi'n aros gan fod ganddi deulu yn Évora o hyd. Pa ochr oedd hi'n gymryd yn yr helbulon hyn tybed? A beth oedd ei hagwedd at 'reidrwydd trais' fel y gelwid y peth? Câi wybod ganddi, ar ôl iddyn nhw ailfwrw'u swildod.

Roedd rhaid iddyn nhw drafod eu dyfodol. Yr oedd hi'n saith mis oddi ar iddyn nhw gyfarfod—yn y cnawd, a'r daith i lawr yma yn y car wedi rhoi cyfle i ddyn feddwl. Byddai'n anodd tynnu'r naill na'r llall oddi ar ei dylwyth.

Cychwynnodd Juan o Fadrid ddoe yn ei hen *Seat*, ac aros noson yn Nholedo. Cofiai rŵan, wrth yrru'n ddiddiwedd, yr ysgytiad a gafodd o pan fu Franco farw. Roedd yn Venezuela yn ystod gwewyr angau'r teyrn. Er ei holl ymroddiad cudd i newid y drefn, roedd o wedi'i eni a'i fagu i sicrwydd batriarchaidd, ac arswydai rhag gwrthryfel a rhyfel cartref.

Un o Galicia oedd ei dad, a hawdd deall apêl Franco iddo fo, yn enwedig pan fu hwnnw'n cyhuddo'r Gweriniaethwyr o ladd offeiriaid. Gymaint fu'r cigydda o'r naill ochr a'r llall. Erbyn hyn mae Galicia, hithau, yn dilyn Catalwnia a Gwlad y Basg ac yn hawlio ymreolaeth. Beth ddigwyddith i Sbaen yn y diwedd tybed? Ei darnio, a mynd yn ysglyfaeth i'r Comiwnyddion, neu Ryfel Cartref arall?

Does dim cyfaddawd i fod yng Ngwlad y Basg, mae'n debyg, ac ETA'n lladd mwy a mwy o'r Heddlu Sifil. Trais a faga drais; ac wedyn 'trechaf treisied, gwannaf gwaedded' piau hi. Dyna'r broblem ym Mhortiwgal a chymaint o Dde America. Gwrthryfel yn agor y llifddorau—nid i ryddid, ond i garfan arall o ormeswyr creulon. Ond does dim troi'n ôl bellach, yn enwedig gan fod gwir natur teyrnasiad Franco'n dŵad fwyfwy i'r amlwg. Pobl yn methu deall sut yr oeddyn nhw wedi cyd-fyw cyhyd efo'r fath *régime*— yn enw gwladgarwch! Ond cyd-fyw ddaru nhw, a dim ond ei farwolaeth oedd wedi eu galluogi i symud; hynny a'r Chwyldro ym Mhortiwgal 'cw. Gwaith caled fyddai meithrin Rhosyn Rhyddid.

Heno mi gâi flas rhyddid go-iawn eto, a chariad a theyrngarwch Amelia. Hyd yn oed yn Rio, lle'r oedd ganddo sawl hen aelwyd serch, mi fu'n ffyddlon iddi.

*　　　　*　　　　*

Dim ond rhyw gwta can kilomedr oedd ar ôl i Évora, ac roedd y tywydd yn fendigedig o dawel a digwmwl. Cafodd Juan ei gyntun siesta yng nghysgod coeden dderi ar ymyl y ffordd. Roedd o'n llawn ynni ac eiddgarwch at y noson o'i flaen. Roedd o wedi gadael y ffordd fawr ers tro a dilynai un weddol gyfochrog er mwyn gweld mwy ar y wlad. Dyma ganolfan y terfysg diweddar.

Draw acw mi welai dref fechan â'r tai nodweddiadol yna. Ond denwyd ei sylw'n sydyn gan fen agored yn rhuthro tuag ato, yn llawn dynion, a'r rheini i gyd yn syllu tuag yn ôl—hyd yn oed y gyrrwr ar y funud honno! Canodd Juan ei gorn yn groch a thynnu i'r dde. Aeth y fen heibio'n ddidramgwydd rhywsut, ac roedd Juan ar fin ailgychwyn pan ddaeth car arall ar frys gwyllt a rhuo heibio— yn llawn heddlu y tro yma. Go brin mai gwylliaid oedd yn y fen yna. Hwyrach mai rhai o'r terfysgwyr oeddyn nhw.

Cyrhaeddodd gyrion y dref a chwilio am gaffe. Cerddodd am ganol y lle, gan gadw llygad am rigod fel oedd i'w gael ym mron pob tref yn yr ardal. Gwelodd ddwy ddynes yn nrws tŷ'n syllu arno ac yn sibrwd wrth ei gilydd. Doedd neb arall i'w weld yn unman. Daeth o hyd i gaffe heb neb ar ei gyfyl, ac aeth i mewn. Yn y diwedd daeth merch fach i'r golwg a rhythu'n amheus arno. Gofynnodd yn

90

ofer am goffi ond, wedi ei pherswadio nad oedd o na heddwas na swyddog, cafodd wybod fod yna ryw helbul yng nghanol y dref, ger y maes. Ffodd hi wedyn i gefnau'r tŷ, ac aeth yntau ymlaen yn sychedig ond yn chwilfrydig.

Gwelodd rigod o bell a sylweddoli ei fod ar gyrraedd maes y dref. Yn sydyn, clywodd ergyd dryll a gwelodd ddau neu dri o fforddolion yn eu taflu eu hunain i'r llawr. Ciliodd yntau i gysgod drws siop y pobydd. Yno cafodd wybod fod arweinwyr carfan o'r gweithwyr oedd wedi hen feddiannu rhan o'r ystad leol wedi eu cloi'u hunain yn hen swyddfa'r ystad, a oedd ers blwyddyn gron yn swyddfa i'w cymuned nhw. Heddiw, ar ôl sawl bygythiad roedd yr Heddlu Sifil wedi dŵad o Évora i gipio'r lle a'i ddychwelyd—fel y tiroedd, yn y man—i'r tirfeddianwyr. Ond roedd y gweithwyr wedi anfon am gefnogwyr hefyd, i Évora. Doedd o ddim yn siŵr p'run ai bwled go-iawn ynteu canister o nwy dagrau oedd wedi'i danio, ond roedd y pobydd yn amau a fyddai'r heddlu am anafu na lladd, rhag creu merthyron.

Ta waeth, aeth Juan yn ei flaen yn ara deg ar hyd ymyl y stryd i gyfeiriad y swyddfa. Roedd yna fwy o sŵn erbyn hyn: lleisiau ar draws ei gilydd, ac un yn dŵad o gorn siarad. Ond ni fu mwy o danio. Gwelai'r swyddfa rŵan, hen le digon disylw ond fod 'na ddwy faner—baner goch a baner Alentejo—yn hongian wrth bolion oddi ar y to gwastad. Roedd y drws ar gau. Bu Juan yn gwylio'r lle am dros awr cyn penderfynu defnyddio'i gerdyn gwasg a holi'r swyddog heddlu. Dywedodd hwnnw, yn ddigon swta, nad oeddyn nhw am ddefnyddio trais, ac mai cadw gwarchae fyddai eu dull o weithredu. Fawr a wyddai o am y bwyd a oedd wedi'i storio yn y swyddfa, gan i'r arweinwyr gael digon o rybudd fod yr heddlu ar ddŵad. Roedd y pobydd fel petai'n falch o gael gosod achos y gweithwyr gerbron newyddiadurwr o gylchgrawn megis *Cambio*. Sosialydd, nid Comiwnydd, oedd o er bod y ddwy blaid yn cymryd rhan yma. Rhoddodd fanylion am y dref a hanes yr holl helynt, a'i rif ffôn er mwyn i Juan gael cysylltu drannoeth neu drennydd i weld be fu diwedd yr helynt. Yna canodd Juan yn iach i Fontola a chyfeirio'i gar, a'i fryd, tuag at Évora—ac Amelia.

*     *     *

91

Er holl hwyl y croeso gan Amelia, doedd pethau ddim yn union fel roedd Juan wedi'u disgwyl rywsut. Ond wedyn, felly mae hi'n aml ar ôl i rywun fod i ffwrdd am gymaint o amser. Cafodd wledd i'r llygad a digon i ddiwallu ei ddiddordeb hanesyddol yn Évora, yn enwedig yn yr Hen Deml a'r Amgueddfa Hen Gelfyddyd. Cerddai'r ddau law yn llaw, gan fwynhau coffi neu bryd yn eu tro, a diweddu ym mreichiau'i gilydd yn yr *estalagem*.

Fedrai Amelia ddim aros y noson gan fod ei modryb yn fethedig, meddai hi. Ond roedd eu caru'n ddigon brwdfrydig a chelfydd. Wrth reswm, nid oes yr un awch i unrhyw beth ar ôl y tro cynta, ond roedd ei chusan noswylio'n gynnes, ir ac yn addo yfory a thrennydd cofiadwy. Yr oedd ganddyn nhw bethau i'w trafod. Troi a throsi y bu Juan yn ei wely, gan wneud yr un peth â'i atgofion am y dydd. Methodd y ddau â chael cyfle i drafod eu dyfodol o gwbl, dim ond hel clecs gwleidyddol a sôn am yr hyn oedd wedi digwydd oddi ar iddyn nhw weld ei gilydd ddiwethaf.

Roedd Amelia'n fwy annibynnol erbyn hyn, yn fwy di-ildio. Yn fwy rhydd, ddywedodd hi. Rhyfedd o beth oedd gweld ei balchder wrth iddi ddangos y sinemâu iddo, pob un yn dangos ffilmiau beiddgar megis *Tango Olaf Paris* neu *Emmanuelle*, ac wrth iddi sôn am yr hawliau ynglŷn ag erthylu ac ysgaru a oedd ar fin dŵad i rym. I Juan, roedd hi fel petai hi'n awchu am benrhyddid. Ai dyna flodau'r Chwyldro? Ond, wedyn, peth naturiol ydi mynd dros ben llestri rywfaint ar ôl bod yn gaeth cyhyd.

Cafodd awgrym o'r hyn yr oedd hi wedi bod yn ei wneud tra oedd o i ffwrdd. Roedd ganddi gysylltiadau yng Ngwlad y Basg erbyn hyn, mae'n amlwg, yn ogystal ag yn Llydaw ac Iwerddon, ac roedd hi'n fud pan soniodd ef am ochel trais wrth geisio gweddnewid pethau yn Sbaen. Byddai'n rhaid trafod hyn yn fwy hamddenol a thrwyadl yfory. Roedd ganddyn nhw gymaint i'w drefnu. Trodd ar ei ochr ac ymroi i gysgu.

\* \* \*

Roedd y nodyn yn llaw'r gofalwr yn y bore yn dipyn o glec: 'Wedi gorfod mynd ar frys i helpu mewn achos yn Montola—ddim yn bell o fan'ma. Gei di'r hanes pan ddo i'n ôl—heno gobeithio! Ond pwy a ŵyr pan fo'r Werin ar gerdded! Dalia i gredu. Hwyl tan toc. A.'

Cafodd Juan baned o goffi a phenderfynu cychwyn ar ei hôl hi i
Fontola.

* * *

O ffenestr y llofft lle'r oedd y pobydd wedi'i osod o, medrai Juan
weld holl faes y dref a'r rhigod ar ei ganol, a'r swyddfa oedd dan
warchae ar y chwith. Gyferbyn â'r swyddfa, roedd y stryd fawr yn
ymuno â'r maes. I lawr honno y disgwylid y fintai ar hyn o bryd.
Roedd y gwarchodwyr yn gorfod troi'u cefnau ar y swyddfa wrth
glywed y canu torfol yn dynesu. Adnabu Juan yr Internationale.
Erbyn hyn roedd o'n medru gweld yr arweinwyr a darllen, trwy'i
finocwlars, y geiriau ar y lluman llydan a garient: 'Terfyn ar Ormes
Teulu Alvares'.

Roedd y lleisiau'n unsain, a'r coesau'n unol eu cam, oll fel
rhyferthwy ymchwyddol llanw. Ymdeimlai Juan â grym heriol yr
orymdaith hir, ddisgybledig, a hefyd ag arswyd yr heddlu. A oedd
yna arfau yn y swyddfa y tu ôl iddyn nhw, neu gan y dorf? Mor
hawdd fyddai hi iddo fo, rŵan, eu saethu'n gelain fesul un. Oedd
yna sneiper yn un o'r tai o amgylch y maes, tybed? Yn sicr ddigon,
roedd hi fel petai holl drigolion y dref wedi ymuno â'r orymdaith,
a phob tŷ a siop ar gau.

Yn rheng flaen y gad mae'r pobydd ar un pen, a gwŷr ifainc
cydnerth yn dal y lluman, ac yna henwr talsyth, parchus yr olwg, ar
y pen arall. Yn yr ail reng mae'r bobl yn dal dwylo'i gilydd, a'u
breichiau ar groes. Ac yn eu canol, â'i gwddf yn ymestyn yn ei chân,
dacw Amelia.

Roedd ei galon yn carlamu.

Heb eu cymell yn amlwg, mae'r rhengoedd yn ymestyn i tua deg
ar hugain wrth i ragor a rhagor o bobl ddylifo i'r maes. Maen nhw'n
sefyll, bellach, fel catrawd betryal o ble mae Juan yn edrych; fel
milwyr troed yn y brwydrau yn erbyn Napoleon. Mae'r heddlu wedi
cilio tuag ochrau'r maes, o bobtu'r swyddfa, ac yn wynebu'r dorf.
Pob un â'i bastwn yn ei law, a helm â miswrn am ei ben. Ond does
yr un ohonyn nhw wedi estyn am ei ddryll, diolch i Dduw.

Mae'r dorf yn symud ymlaen rŵan, gam wrth gam nes ei bod o
fewn rhyw ddecllath i'r heddlu llonydd, mud. Yna, yn ddisymwth,
mae'r lle'n llawn o fwg wrth i ganistrau neu fomiau gael eu taflu

oddi ar do'r swyddfa. Mae rhengoedd blaen y dorf yn dal cadachau dros eu hwynebau ac yn llwyddo i ddal eu tir, ond mae'r heddlu ar chwâl, ac yn pesychu a thagu'n afreolus. Mae bwlch wedi ymddangos yn rhengoedd blaen y dorf, a phobl yn ffoi drwyddo o'r swyddfa. Yna mae'r rhengoedd yn cau eto, ac yna'n camu ymlaen, a charfan ohonyn nhw'n mynd i gyfeiriad y swyddfa.

Erbyn hyn mae'r mwg yn gwasgaru a'r heddlu'n ceisio atal pobl rhag cael mynediad i'r swyddfa. Mae sawl un wedi'i bastynu ac ambell un yn gwaedu fel mochyn. Cilia'r dorf yn araf, drefnus i ochr arall y maes, ac mae'n sicr i'r rhai a achubwyd ddianc i un o'r tai cyfagos neu i fyny strydoedd bach culion y dref.

Mae'r swyddfa dan warchae eto, a'r heddlu wedi dal ambell un, ac wrthi'n eu hyrddio naill ai i'w fen neu i ambiwlans sydd wedi cyrraedd o rywle.

Cymerodd Juan ei wynt, a llymaid arall o win. Roedd wedi cael profiad byw o'r hyn yr oedd o i fod i roi adroddiad amdano. Profiad ysgytiol. A beth ddigwyddai rŵan? Cyrch arall mewn ychydig ddyddiau i dorri'r gwarchae? Go brin y gweithiai'r un ystryw eto. A byddai'n rhaid i'r heddlu wneud rhywbeth i adfer eu hunan-barch. Roedd hadau trais yma, a'r tirfeddiannwr boliog, yn ôl pob tebyg, yn eistedd ar ei din yn mwynhau gweld y bobl yn ymrannu. Digon i gynddeiriogi sant. Ac eto, rhaid parchu eiddo neu mi fyddai yna anhrefn, a hwnnw'n gynsail da i deyrnlywodraeth arall. Ond ble'r oedd Amelia druan, tybed? Ar ei ffordd yn ôl eisoes, hwyrach, i gadw oed efo fo yn Évora, neu'n mochel mewn tŷ cyfagos.

Wedi'r cyfan, wedi dŵad i helpu yr oedd hi. Doedd hi ddim yn un o'r arweinwyr.

Daeth y pobydd i'r llofft ato fo, yn chwys diferu, ac ar ben ei ddigon. Drachtiodd y gwin yr oedd Juan wedi'i estyn iddo, a dechreuodd y ddau gyfnewid argraffiadau am y gwrthdystiad. Roedd y garfan oedd yn y swyddfa i gyd wedi dianc yn ddiogel, a rhai eraill wedi cymryd eu lle. Pymtheg wedi'u hanafu: tri heddwas a dwsin o'r bobl, gan gynnwys un o'r tu allan i'r ardal . . . Oedodd calon Juan, ond myfyriwr oedd dan sylw. Ond roedd yna dri ar ddeg wedi'u harestio, a dwy ferch yn eu plith; y ddwy heb fod o'r ardal. Holodd Juan am Amelia, heb feddwl gwneud hynny wrth ei henw, ond enwodd y pobydd hi fel un o'r ddwy oedd yn y ddalfa. Roedd

Amelia a'r ferch arall wedi bod draw nifer o weithiau yn helpu i drefnu cyfarfodydd. A byddai Amelia'n annerch y gweithwyr. Roedd yr heddlu wedi mynnu ei chipio hi.

Esboniodd Juan am eu perthynas, gan sobreiddio'r pobydd. Penderfynwyd mai'r peth gorau fyddai i Juan ddefnyddio'i gerdyn gwasg a mynd i holi'r prif swyddog heddlu. Gorchwyl annifyr, yn enwedig gan iddo fod yno ddeuddydd ynghynt. Byddai'n siŵr o gael ei gofio, a'i amau.

Roedd y swyddog yn dra amheus, a bu raid i Juan esgus bod yn llwyr o blaid yr heddlu gan ddweud ei fod am adrodd yr hanes o'u safbwynt nhw. Esboniodd fod Amelia'n hen gyfaill coleg iddo, a holodd amdani. Cafodd ganiatâd yn y man i'w gweld, yn ei chell, gan ei fod ar ddychwelyd i Sbaen. Gofynnwyd iddo ei chymell i adael y wlad neu roi'r gorau i'w gweithgaredd, er ei lles ei hun. Roedd hi'n amlwg yn dipyn o ddraenen yn eu hystlys nhw. Pobl fel hi oedd yn corddi'r dyfroedd yma. Deallusion oedd y drwg yn y caws. Cafodd Juan hyd yn oed ei hebrwng i'r barics mewn car heddlu, a'i dywys yn ddiffwdan i'w chell.

*    *    *

Roedd hi fel teigres mewn cawell, yn gafael ym marrau'r drws ac yn ysgyrnygu ar bob swyddog a âi heibio. Cafodd dipyn o sioc o weld Juan, ac yna trodd y sioc yn amheuaeth ddofn. Trodd ei chefn arno wrth i'r swyddog ddatgloi'r gell. Roedd yn amlwg i Juan ei bod hi'n credu ei fod o'n swyddog cudd o ryw fath—y CIA yn ddiau—a chadarnhawyd ei hamheuon pan welodd fod y swyddog yn fodlon eu gadael ar eu pen eu hunain.

Cododd ei golygon yn y man ac edrych i'w lygaid syn, ac yna trodd ei chefn yn sydyn. Holodd beth yr oedd o'n ei wneud yno.

'Poeni amdanat ti. Wyt ti 'di dy glwyfo'n ddrwg?' gofynnodd. Roedd o wedi gweld y rhwymyn ar ei harlais chwith.

'Dim byd gwerth sôn amdano. Ond sut y gwyddet ti 'mod i yma?'

'Ddes i ar d'ôl di o Évora ben bore 'ma, a gwylio'r gwrthdystiad.'

Trodd hi ato'n herfeiddiol. 'Fel'na mae'u dysgu nhw!'

'Fuon nhw'n ddigon ffeind i ganiatáu i mi dy weld di . . .'

'Rwyt ti'n dŵad ymlaen yn dda efo'r heddlu, dwi'n gweld.' Roedd dirmyg yn ei llygaid yn ogystal â'i llais.

95

'Ro'n i 'di cyfarfod y prif swyddog 'na echdoe.' Aeth yr amheuaeth yn llen dros ei lygaid.

Adroddodd Juan yr holl hanes yn gyflym gan egluro mai'r pobydd oedd wedi ei gymell i fynd at yr heddlu i holi ei hanes hi. Daeth hyn â chynhesrwydd yn ôl i'w llygaid, a rhoddodd ei llaw ar ei fraich yn dyner. Amneidiodd arno i eistedd efo hi ar y gwely pren, a dyna lle bu'r ddau'n dal dwylo ac yn sgwrsio am dipyn.

Cyn hir, fodd bynnag, roedd hi ar ei thraed unwaith eto, yn crwydro'i chell ac yn esbonio sut y cawsai hi ei dadrithio'n raddol gan ddirywiad y Chwyldro, ac iddi yn y diwedd ymuno â'r Comiwnyddion. Erbyn hyn, roedd hi'n cwffio dros Weriniaeth Farcsaidd ac yn cydweithredu efo mudiadau fel ETA a'r IRA. Ers rhyw ddeufis bellach roedden nhw'n canolbwyntio ar ei hen dalaith ac yn ceisio helpu'r gweithwyr i gadw'u tiroedd newydd.

Rhoes y newydd hwn gryn ysgytwad i Juan. Arswydai rhag dwrn dur Comiwnyddiaeth. Yn chwareus ddigon, gofynnodd hi a oedd o am ymuno â hi yn y frwydr fawr, ond mynnai yntau drafod eu perthynas nhw. Doedd ganddi ddim ateb pendant, a fawr o ddiddordeb mewn materion teuluol. Roedd hi'n cael ei hysu gan sêl unplyg dros yr hyn y credai hi ynddo, a doedd dim arall yn cyfrif bellach.

Ac eto, hon a ddysgodd iddo fo sut i garu; hon a chwythodd farwor ei serch at ei wlad yn gariad tanbaid—mor danbaid â'r un a fu rhyngddyn nhw ill dau . . . A fu . . .?

'Ydi'r peth drosodd?' Dyna fo wedi yngan y cwestiwn. Trodd hithau'i chefn arno a phlygu'i phen. Gwyddai'r ddau yr ateb. Ar ôl ysbaid hir, rhoddodd hi gusan iddo ar ei foch a gwasgodd yntau'i hysgwyddau hi. Yna trodd Juan ei gefn arni a galw'r swyddog.

Doedd dim ar ôl, bellach, ond adrodd yr hanes wrth Jorge, y pobydd, a chanu'n iach. Roedd yntau wedi ei ddadrithio i raddau. Roedd wedi disgwyl gormod ganddi. Ond roedd hi wedi llwyddo i greu chwyldro parhaol yn ei fywyd o, a go brin y gwywai'r cof amdani hi a'r rhosyn hwnnw yn ei galon.

## DAN YR EIRA GWYN

Rhwng gwreiddiau'r ywen a ch'ledwch y tir, roedd hi'n anodd ar y diawl cloddio'r bore 'ma. Er garwed yr hin, roedd Ianto'n chwys domen, a dim ond blaenau'i fysedd oedd yn dioddef o'r oerfel. Gorffwysai ar ei raw, yn llewys ei grys gwlanen, digoler, a chefn ei wasgod yn dal yr heulwen nes edrych fel marmor.

Roedd hi'n hen bryd cau'r lle yma ac agor y gladdfa newydd. Doedd dim modd mynd yn nes at y goeden yma heb ddechrau torri rhai o'r gwreiddiau mawr. Codai ei anadl fel tarth a cheisiodd dwymo blaenau'i fysedd ynddo; yr oedd y cledrau'n ddiddos yn ei fenig cwta, pen-agored. Roedd bywyd yn dod yn ôl iddyn nhw, nid yn unig oherwydd ei ymdrech ond hefyd am fod yr haul yn dechrau meirioli pethau.

Syllodd o'i amgylch ar y beddau, fel y gwnaethai ar achlysuron cyffelyb dros y blynyddoedd. Roedd yr eira'n dal i lynu wrth du clytaf y cerrig, y coed a'r clwydi, fel rhyw gysgodion gwynion. Ond erbyn hyn roedd wedi dechrau dadlaith ac ymdreiglo ar hyd darnau llorweddol y croesau cerrig a diferu'n araf o'u conglau. Yr oedd hi fel petai'r cerrig yn ymrithio i'r golwg ar ôl cyfnod dan rew—fel rhyw wawrddydd wedi Oes o Rew; rhyw ddiwrnod olaf wedi'r oerfel: 'Oll yn eu gynnau gwynion'! Yma yn Nhrealaw!

\*      \*      \*

Eisteddai Carys Beynon yn ôl yn hamddenol wrth yrru'i char yn eiddgar ar hyd Ffordd y Gogledd. Roedd yr hyn a oedd yn weddill o Gwm Taf yn hardd odiaeth dan yr eira, a Chastell Coch fel castell tylwyth teg ar ei gopa ysgythrog. Ar ddiwrnod fel heddiw y gwelid pam y gelwid y llethr acw'n Wenallt, ond tuag at y Garth y trodd hi,

97

i fyny Heol Goch ac am Ben-tyrch a Chreigiau. Canai'i chalon salm o foliant am iddi gael byw i weld y dydd hwn. Deisyfu hyn a lywiodd gymaint o'i bywyd a'i gyrfa, a bu'n sail i'w gweddïau mwyaf taer a chyson.

Cyn bo hir fe groesodd bentref y Groes-faen a throi am yr ysbyty y gwelai hi dyrau ei gastell erbyn hyn. Rhyfedd cael ysbyty mewn castell—er bod rhai'r Marchogion gynt mewn llefydd o'r fath. A rhyw ysbyty felly oedd hwn hefyd, yn fwy o loches ac o noddfa nag o ganolfan triniaeth ddramatig. Roedd y tyrau hyn hefyd dan weddillion eira. Stopiodd ei char mewn cytir ychydig cyn cyrraedd tir yr ysbyty, a syllu ar yr olygfa gyfarwydd. Safai'r castell fel caer ar fryn, a'i gadernid—fel erioed—yn gysur ac yn gefn iddi. Yma y bu hi'n ymwybodol o dreigl y tymhorau—y banc bach yna'n frith o saffrwm pob gwanwyn, y llethr draw wedyn yn ymeuro o gennin Pedr dan gysgod y dderwen fawr. A dyma hi'n eira a rhew ddiwedd Mawrth, wedi ysigo'r blodau ac yn dechrau troi'n fudr ar ymylon y ffordd.

Tu draw i'r castell roedd y ward, ar draws y llwybr bach a âi ar hyd ochr y llyn. Cerddodd ar ei draws ddoe ar ei ffordd i dderbyn yr ychydig eiddo personol ac i lofnodi ambell ddogfen. Y llyn wedi rhewi a thrwch o eira ar ei ben wedyn. Yr hesg ar y lan bellaf, a'r coed tal y tu cefn iddo, y deri a'r ffawydd oedd mor gyfarwydd iddi, fel pe baent wedi eu peintio ar gynfas a oedd yn dal yn wyryfol wyn dros arwynebedd y llyn. Yna daeth siffrwd a symud yn yr hesg, a iâr ddŵr—â'i phig yn danbaid oren ar y gwyn—i drawsnewid y darlun.

Yr oedd hi'n teimlo'n fodlon, dawel, ddigynnwrf, fel y teimlai heddiw. Bellach doedd dim ond defod ar ôl, defod a gynlluniwyd ers tro, ond y bu bron i glochydd Trealaw ei nacáu. Dim ond pwyo a chwarae ar deimladau'r gweinidog a'r cynghorydd a lwyddodd i gael caniatâd i gladdu un corffyn bach arall yn y fynwent, gerllaw gweddill y teulu, a chyda'i dad. Ac roedd ganddi hithau'i lle'n barod, drefnus gyda'i gŵr—a Rhys.

*     *     *

Cofio'i genhedlu bron—ar wyliau rhadlon yn crwydro Penfro. Beichiogrwydd didrafferth yn y misoedd cyntaf, a minnau'n llawer sicrach o bethau na chyda Lliwen. Gwil yn dweud mai felly y byddai wrth ei fagu—ie, crwt oedd e i fod, a Rhys yn enw arno, gyda Siân wrth gefn, os digwyddai anap! Mae'n debyg fod gennym ryw raglun o Rhys—rhywbeth yn debyg i Gwil yn y llun ysgol ohono fe'n bump oed yn y Porth. Gwallt syth a rhesen wen daclus ar y chwith— ffrwyth llafur dyfal Mam-gu Trealaw; talcen gweddol sgwâr a thrwyn smwt; llygaid llwyd a gweflau tyn—fel y byddai rhai Gwil bob amser pan fyddai ar bigau'r drain—a'i dei fymryn yn anniben.

Daeth y diwrnod mawr a Gwil yn rhuthro i nôl y fydwraig a Mam-gu, tua naw o'r gloch ryw nos Fawrth o wanwyn: Mai 7fed, 1933—blwyddyn Hitler.

Cofio cusan hir, hapus Gwil cyn iddo gael ei hysio o'r llofft gan Mrs Meredudd, a'i yrru i fagu'i ofid. Wedyn y daeth yr oriau unig; y tuchan a'r llidio, y mân siarad hurt rhwng Mam-gu a Mrs Meredudd, a'r holl beth yn colli'i flas—hyd yn oed wedi'r esgor ac yn y dyddiau prin cyn clywed y newyddion drwg. Gorfod derbyn ymwelwyr ac anrhegion bach â gwên ddodi. Gwil druan; fe dorrodd ei galon. Ymwroli wnaeth hi; cael nerth o rywle, rywsut, diolch i Dduw. Ond troi at y pwyllgor a'r botel wnaeth e, a Lliwen yn ei golli hefyd.

Doedd Rhys fawr o drafferth ar un wedd, dim ond bod rhaid ei fwydo a'i newid yn rheolaidd drwy gydol ei oes, a'i fod yno'n ddiymadferth a di-lun, druan. Allai Gwil mo'i drafod, ond fe geisiai Lliwen fach helpu Mam—petai ond er mwyn cael peth o'i sylw hi. Roedd hithau'n dioddef am 'mod i'n gorfod rhoi gormod o f'amser i Rhys, ac yn galaru rhyw gymaint—fel ninnau—am y brawd neu chwaer fach yr oedd hi wedi'i ddisgwyl yn gwmni. Ond go brin fod ganddi hi'r darlun yna o'r crwt bach tebyg i'w dad yn ei meddwl a'i chalon, yn araf ddadfeilio, fel y cof am un annwyl a fu. Hynny oedd yn ysu Gwil, hyd yn oed pan nad oedd rhaid iddo weld Rhys, adeg swper wedi'r pwyllgor neu'r peint yn yr hwyrnos.

Ond gofid cariadon Lliwen oedd y peth terfynol, a hithau'n gorfod cario baich yng ngŵydd ei ffrindiau newydd o hyd ac o hyd. Dyna a 'ngalluogodd i adael i Dr Watkins gael lle dros dro, ar brawf, iddo fe yn fan'cw. Mynd yno am egwyl i ddechrau, i'r teulu gael cymryd ei wynt. Ac i ffwrdd â ni—nid i Benfro, ond i Borthcawl am ddeng niwrnod hwyliog. Ond 'mod i'n cysgu drwodd a thro. Nôl

Rhys wedyn—a Gwil tu allan, yn y car fel arfer, a chael fy mrifo o sylweddoli nad oedd e wedi hiraethu dim am ei deulu. Sylweddoli hefyd mor garedig ac amyneddgar oedd y staff.

Cyn hir roedd Rhys wedi cymryd ei le yn y ward yna, a hithau'n pererindota yma ddwywaith yr wythnos yn ddi-ffael, ar wahân i wythnos priodas Lliwen a chladdu Gwil a'r wythnos flynyddol o wyliau bant. Wedi iddi ddechrau gweithio roedd rhaid galw gyda'r nos ar y dydd Mercher, ond roedd y nyrsys yn deall, ac roedd hithau'n gefn iddyn nhw pan fyddai ambell un yn methu trafod Rhys yn ei funudau mwy anhydrin a rhwyfus.

Deuai Lliwen hefyd ambell waith ar y Sadyrnau, a dod ag Alun yma i'w weld e ddiwrnod cyn y briodas. Ond ddaeth Rhys byth adre wedyn, dim ond ddwywaith ar ŵyl Steffan—hyd heddiw. Heddiw roedd hi'n ei hebrwng adre at ei deulu a'i gynefin. Bellach, doedd dim ots am ei anffurfiadau, yn ei flwch bach petryal; bellach byddai ei aelodau anystywallt yn llonydd. 'Gwyn fyd y rhai di-fai'—a'r diniwed.

Bydd Rhys a Gwil gyda'i gilydd bellach, yn gorwedd yn Nhrealaw, ac yng nghyflawnder cariad Duw, gobeithio. A Lliwen ac Alun a'r plantos yn llenwi'r cartref â bywyd ac â sŵn iach am ychydig ddyddiau, ac yn achlysurol wedyn. Gobeithio y gallai fyw gweddill ei dyddiau'n gyflawn: yr hyn a esgorodd hi arno, ni fyddai'n faich ar neb arall. Ni châi neb ddannod ei hunanoldeb iddi, nac aflendid ei phlentyn, fyth eto. Fe gariodd ei baich, hyd at ei fedd, heb fawr o gymorth gan neb ond Duw a staff y lle yma. Yn wir, nhw oedd yn gweini'i drugaredd e mae'n siŵr. Byddai rhaid iddi gofio anfon cerdyn i rai ohonyn nhw, a mam Gwerfyl ac un neu ddwy o'r lleill, ond bellach, byddai'n troi ei golygon i gyfeiriadau eraill.

Ochneidiodd yn fodlon wrth ailgynnau'r peiriant a chychwyn ar yr ychydig o ffordd a oedd yn weddill.

*    *    *

Peth rhyfedd ydi codi allan o ysbyty. Am funud fe deimlodd hi'n hen ac yn unig. Yr osgordd fach yna o gleifion, wedi'u lapio yn eu cotiau mawr unffurf, yn eistedd nawr yn dwt yn y car tu ôl, a'r ddwy nyrs yn y cefn eto, yng nghar y Chwaer Presdy. Rhyngddi hi a Meg a'r hers yr oedd car y caplan.

Roedd ei eiriau gynnau fach ymhell y tu hwnt i'r trueiniaid—heb sôn am ei lais Eglwysig, Seisnig. A doedd hithau ddim yn hollol hapus ynglŷn â bwrdwn ei weddi: y sôn am Rhys a'i gymheiriaid fel plant tragwyddol oedd eto'n faich, ac am dderbyn tynged a chario'ch croes. Doedd ei chroes hi ddim wedi bod yn rhy drwm iddi. Ond byddai bod hebddi'n anodd efallai: colli diben bywyd rhywsut—fel y gŵr o Gyrene. Fe gâi ei thraed yn gwbl rydd o'r diwedd. Siawns i fynd i Ynysoedd Heledd ac i'r Eidal fel roedd hi a Gwil wedi bwriadu. Ie, Gwil. Roedd y groes wedi bod yn ormod i Gwil.

Sut y byddai hi wedi bod arnyn nhw heb Rhys, tybed? Doedd pethau ddim yn berffaith cyn iddo fe ddod, ac roedd 'Nhad gyda ni am ddwy flynedd bron. Ond yr oedd yna lawer o atgofion melys am ieuenctid eu priodas. Petai e yma o hyd, fe allen nhw ailgydio mewn rhai pethau fel y mae ambell bâr yn ei wneud wedi i'r plant fynd dros y nyth. Fel 'ma mae hi ar Meg hefyd, wrth gwrs.

Roeddyn nhw'n mynd i lawr y rhiw serth i'r Porth nawr, a'r cwm yn freichiau amdanyn nhw i gyd, yn eu ceir, a'u rhesi o dai. Ond roedd ychydig o gnawd du'r tomennydd yn ymrithio'n hyll lle'r oedd yr eira wedi toddi. Roedd angen eira parhaus, fel iâ melys ar deisen, er mwyn gwneud y cymoedd hyn yn lluniaidd bellach.

Doedd fawr o ffordd yn weddill. Câi groeso diffuant y gweinidog a chwmni Lliwen a'r teulu, a'i châr a'i chyfathrach, i'r ddefod olaf yn y fynwent a'r festri. Wedyn, hi fyddai raid mynd i dalu a llofnodi papurau a phethau felly. Byddai wedi bod yn braf cael Gwil yma'n gefn iddi nawr. Ond dyna fe.

Gyda Meg a'r weddw arall yna, Helen Williams, yr oedd hi am fynd am wyliau o'r diwedd—i'r ŵyl opera yn Ravenna! *Merry Widows!* Gwasgodd fraich Meg at ei hochr nawr, ac estyn am ei neisied. Roedd hi'n dechrau toddi, a pherygl iddi arllwys ei gofid cyn cyrraedd ei chell fach ei hun yn ôl yn y tŷ. Doedd hi ddim am wneud hynny a hithau wedi llwyddo i ymatal dros y blynyddoedd; wedi celu'i gofid rhag Lliwen a hyd yn oed Gwil. Ond Duw a ŵyr pa mor agos fu hi at dorri i lawr ambell waith.

Roeddyn nhw wedi cyrraedd, Lliwen yn cymryd ei braich a'r plant yn syllu'n annwyl a syn arni, ac Anwen yn mynnu rhoi sws i Mam-gu. Y plantos addfwyn, mor ddel yn eu dillad parch, a Siôn yn edrych yn debyg i'r llun ysgol hwnnw o Gwil. Roedd Alun wedi dweud fod rhaid iddi ddod atyn nhw am wyliau iawn, neu hyd yn oed i fyw. Roedd e'n ddyn smart, ac yn dawel gadarn. Rhywun y gallech chi bwyso arno. Prin roedd hi'n ei nabod, er hynny, ond ei fod yn amlwg yn ddiffuant ei ofal drosti hi fel dros ei deulu bach. Dyna fe'n trefnu pethau gyda'r gweinidog a'r cludwyr. Efallai y bydd am helpu gyda'r trefniadau eraill wedi'r angladd. Rhywun yn dod i'r adwy o hyd. Ystyr hyfryd i 'Cân di bennill fwyn . . .' am unwaith.

Chwarae teg i'r gweinidog, fe wnaeth y gwasanaeth yn un o ganu'n iach i Rhys ac o ymryddhad iddi hithau. Yr un syniad â'r caplan efallai, ond ei bod hi'n haws derbyn llais ac ieithwedd agos-atoch-chi, Gymreig Mr Mainwaring. Yna, gollyngwyd yr arch fach i lawr i'r bedd, dan weddillion yr eira, a'r pridd yn dalpiau caled wrth syrthio arno. Peth fel'na ydi pob claddu, ond roedd hi wedi dechrau dod ati'i hun eisoes cyn mynd ar freichiau Lliwen a Meg, a than lygad tyner Alun, at ymyl y bedd i'w weld am y tro olaf ar yr hen ddaear yma. Lliwen oedd yn beichio wylo.

Llwyddodd Carys i giledrych ar y bryniau draw, yn dal dan yr eira, wrth iddyn nhw ganu am droeon yr yrfa hynod hon yn troi'n felys rhyw ddydd.

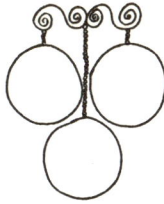

## SIWT DYDD SUL

Rhyw siwt go dila oedd hi erbyn hyn, ond beth oedd i'w ddisgwyl ar ôl y deuddeng mlynedd o wisgo a fu arni hi. Fe gofiai hi'n iawn am y diwrnod pryd y prynwyd hi, yn siop Naughton's yn Stryd Thomas. Dim ond chwe phunt pedwar swllt ar bymtheg ac un geiniog ar ddeg, os cofiai hi'n iawn, oedd hi—gyda gwasgod. A dyma hi'n disgwyl unwaith eto am yr hen siwt, a'r swllt a thair o log yn ei llaw'n barod. Dôi'r siwt allan bob nos Wener i fwrw'r Sul ac i ddathlu ychydig ar y Sadwrn. Fe gollodd yr hen wraig gownt sawl gwaith y bu hi'n troi'r siwt yn arian parod ac yn ei benthyca eto. Er nad oedd hi'n fawr o un am glandro, yr oedd hi'n sicr ddigon iddi dalu pris y siwt a llawer yn rhagor, dros y cownter i Dermot, fel llog arni. Y siop oedd cartref yr hen siwt erbyn hyn a bron na ddywedech chi ei bod hi'n rhy frau i fentro allan rhyw lawer ond dros y Sul. Nid gwaeth iddi fod yn y sefydliad yma'n segura ddim, a hithau'n cael tâl am ei gadael hi yno, a dim ond yn gorfod rhoi rhyw ychydig i'r dyn y tu ôl i'r cownter am y gwasanaeth. Pan ddechreuwyd ar y trefniant yma fe geid rhyw bum punt, a chael smalio byw am yr wythnos ar hanner hwnnw, a'i dalu'n ôl gyda'r pensiwn a ddôi ar ddydd Gwener, ond erbyn hyn rhyw ddwy bunt oedd i'w gael. Wrth gwrs yr oedd pethau'n dibynnu ar bwy fyddai y tu ôl i'r cownter. Dermot oedd ei dyn hi, pan fyddai o ar gael. Yr oedd o'n fwy hael na Ffintan, efallai am fod plant mewn oed ganddo fo ei hun. Sut gebyst oeddyn nhw'n medru penderfynu mor sydyn faint i'w roi i bawb, tybed? Pâr o hen esgidiau: wyth swllt; siaced frethyn llanc: dau swllt ar bymtheg; rhyw fyfyriwr a'i deipiadur: tri gini. Rhyfeddod yn wir. Faint ohonyn nhw oedd yn cofio neu'n medru fforddio hawlio'u heiddo'n ôl tybed? Dim ond troi i'r dde y tu allan a dyna'r siop gemydd dan yr un enw, ond heb y tair pelen

103

aur yn crogi wrth ei ben. A dyna'r cariadon newydd yn prynu modrwyon methiannus rhai eraill. A phob rhyw dri mis fe gynhelid arwerthiant ar bob math ar geriach. Olion byw tlodion: y di-waith a'r henoed, efrydwyr ac actorion a chrwydriaid eraill. Broc o froc. Fe gafodd hi lawer bargen yno.

Dyna ryw ŵr bonheddig—cwymp y cedyrn—gwas gwladol yn ôl pob golwg, yn sleifio i mewn efo'i becyn i'r bwth *Dynion yn Unig.* Does yna fawr o neb yn y gongl bellaf heno, fawr o neb yn dŵad â phethau i mewn ond ambell un, nad yw'n cael tâl na chymorthdal, yn chwilio am bris peint. Fel arfer ar nos Wener, yn y gongl yma mae'r criw yn disgwyl eu heiddo'n ôl am sbel. Mae'r siafft yna'n brysur o'r stordy yn y llofft, esgidiau a siwtiau, llyfrau a chlociau, cotiau glaw a sgertiau yn ei thramwyo'n ddiofal, wedi eu clymu neu eu parselu a'u nodi â rhif. Mi ddaw'r hen siwt cyn bo hir ac mi fyddaf i'n ei nabod hi ar unwaith. Mae yna bum munud da rŵan er pan roddais i'r tocyn a'r pres i Dermot. Mi fydd yr hogyn yna i fyny'r grisiau wedi ei thynnu hi oddi ar y crogydd metel, a'i thaflu'n fwndel hurt i lawr y siafft. Dermot fydd wedyn yn ei sgwario a'i pharselu'n dwt imi efo papur llwyd a llinyn.

Daeth yr hen wreigan allan i'r stryd yn gynnes gan oleuadau a sŵn ceir a thyrfaoedd yn brysio adref o'r siopau. Yr oedd y parsel yn fawr o dan ei chesail. Gwisgai hi ei hun hen het ffelt gron a rhuban melfed du yn amgylchynu ei chorun. Côt wrstyd lwyd a thamaid o'r leinin i'w weld o'r tu ôl wrth iddi gerdded, a'i sanau'n llac nes crychu o gwmpas ei fferau. Syllai i mewn i ffenestri'r siopau nes cyrraedd un yn llawn o seigiau mawr, coch o gig; cymalau cyfan gwartheg a defaid. Aeth i mewn a phrynu hanner pwys o iau a thamaid o gig moch at y Sul. Doedd dim yn fwy blasus na chig moch wedi ei ferwi, ei daenu â mêl a briwsion, ac yna ei rostio, a bresych melys i fynd efo fo. Mi fyddai Eamon wrth ei fodd. Dyn caredig oedd y cigydd yna, gŵr o'r wlad, ac mi synnai hi'n fawr os na fyddai yna ddwy elwlen i mewn yn y parsel pan agorai hi o ar ôl mynd adref. Fo roddodd y darn biff yna iddyn nhw y Dolig diwethaf, bendith arno. Wel, gwell imi ei sgwario hi am yr eglwys a'r gyffes, er na wn i ddim be sy gen i i'w ddweud erbyn hyn. Mae'r hen gorff yma wedi mynd yn rhy grin i allu meddwl am bechu! Ond efallai y dylwn i sôn am y gwenwyn oedd ynof i wrth weld gwraig drws nesaf yn cael pres oddi wrth y ferch yna sy ganddi yn America. Pecyn o ddoleri bob mis. Mi fydd Eamon wrthi'n torri ei farf tra bydda i yn yr eglwys, fel arfer; a'r ager yn codi o'r jwg i boeni ei frest gaeth o.

Gartref yr oedd Eamon, yng nghongl eu hystafell fyw, ac yn edrych yn y drych ceugrwn ar silff y ffenestr wrth iddo stwnsian yr ewyn sebon ar ei wyneb. Estynnai ei wddf fel ceffyl ofnus a throchi hwnnw hefyd yn ei dro. Cymerodd siswrn i docio'r blew yn ei ffroenau a'i glustiau tra oedd yr ewyn yn gwneud ei waith. Nid edrychodd o ddim ar yr aeliau caled fel gwifrau, a'r cylch llwyd o amgylch canhwyllau ei lygaid. Tynnodd yr ellyn ar hyd ei wyneb gan grymu i wahanol ystumiau dioddefgar, er mwyn cael at ymylon ei geg, y pant o dan ei wefl isaf, ac yna at ei wddf. Crwydrodd yr ellyn fel aradr o gwmpas bryn ei gorn gwddf wedyn, ac yna darfod. Erbyn iddo orffen yr oedd ei fochau'n goch, a'r mân wythiennau'n dangos yn union o dan y croen, fel tomato wedi ei blicio. Brysiodd i lanhau a chadw ei daclau ac yna i hulio tipyn o swper.

Fel ar bob dydd Gwener arall bron, wy wedi ei ffrio a brechdan oedd i swper, a bisgedi melys wedyn gyda'r te. Dim ond sŵn y cloc oedd i'w glywed, ar wahân i glecian y saim yn y badell wrth iddo fo ei hyrddio dros yr wyau, yn don ar don, nes pylu o'r melyn. Be 'dan ni am ei weld heno, tybed? Dwi wedi mwynhau pob un bron, a dweud y gwir, ers inni ddechrau mynd draw yna, ond does gen i ddim i'w ddweud wrth y disgwyl yn yr oerfel i gael mynd i mewn. Llawn cystal gen i fynd i le Paddy Herlihy am ryw awr; mae yna dân braf yno. Ond dyna ni, mae Roisin yn haeddu rhywbeth hefyd. Fydd hi ddim yn hir rŵan, gobeithio. Diawl, dwi wedi anghofio rhoi'r platiau yna i gynhesu wrth y tân. Does ganddi hi ddim i'w ddweud wrth fwyd oer. Mae hi'n dweud mai stori go hwyliog fydd hi heno, hanes rhyw athro ysgol, ddim un o'r pethau lladd yna i gyd. Mi rof i'r wyau ar y plât iddyn nhw gadw'n gynnes, rhag ofn fod yna griw mwy nag arfer yn yr eglwys heno. Llithrodd yr wyau'n ddiymadferth o'r badell i'r plât, a rhoddodd Eamon y tebot i gynhesu ar y stof ar ôl cau'r nwy. Yr oedd yna sŵn ar y grisiau, ond yn rhy gyflym i Roisin; pobl y llofft uchaf mae'n debyg. Yr hogan gwneud gwalltiau a'i chariad newydd. Torri tipyn o fara; ac mae'r menyn wedi toddi digon i'w roi ar y bwrdd rŵan. Wedyn dechreuodd Eamon droi llewys ei grys i lawr—ac yna rhai ei gardigan o wlân llwyd. Aeth at y tân a gwisgodd ei goler starts a chlymu ei dei. Rhoesai ei wraig ei esgidiau mawr, sodlau rwber i gynhesu ar yr aelwyd eisoes. Dim ond newid ei drywsus fyddai'n rhaid iddo wrth wisgo ei siwt, a rhoi'r esgidiau am ei draed. Cyn iddo orffen cribo'i wallt fe glywodd sŵn traed llafurus ar y grisiau. Rhedodd Eamon â'r wyau i'r bwrdd, ac yna agor y drws i'w chroesawu. Gafaelodd o yn ei bag *rexine,* ond cadwodd hi'r parsel arall. Lle cynnes oedd yr ystafell wrth ddŵad i mewn o'r oerfel. Tân yn dal i losgi'n fyw, a glas eira yn y fflamau. Byddai'n rhaid rhoi glo mân arno i'w gadw tra bydden nhw allan. Eamon wedi hulio'r bwrdd a'r wyau'n barod, a'r tegell yn canu'n ddiddan. 'Rho'r dŵr ar y tebot rŵan,' meddai hi wrth fynd trwodd i'r siambr i agor ei pharsel ac i hongian y siwt y tu ôl i'r drws. Daeth yn ôl i'r ystafell fyw a dechrau ffwdanu gan symud yr holl lestri a'r cyllyll a ffyrc rhyw fymryn bach bob un. 'Wyt ti'n dŵad i eistedd, Eamon, neu mi fyddan ni'n hwyr, gei di weld?' Cododd Eamon o'r aelwyd lle y bu'n rhoi'r glo mân ar y tân, ac aeth at y bwrdd yn ufudd.

'Llond lle yn yr eglwys heno? Nesáu at ŵyl yr Holl Saint, mae'n debyg. Pwy oedd yn gwrando'r gyffes?'

'O, mi fuo'n rhaid imi fynd at ryw dad ifanc, newydd ei ordeinio dybiwn i'n ôl ei gwestiynau hurt o. Sôn wrthyf i am fyfyrio ar angau a rhyw bethau felly am fy mod i wedi cyrraedd oed yr addewid. Geith o weld be ydi mynd yn hen. Mae'r Tad Malachi i ffwrdd am wythnos arall; a choeliat ti ddim mor ara deg oedd y creadur yma. Dyma ti baned arall. Llond lle yn y ponwyr heno hefyd, a rhyw ŵr bonheddig yn anfodlon ar be oedd Dermot yn ei gynnig iddo, ac yn mynd â'i barsel yn ôl efo fo. Wn i ddim be oedd o'n ddisgwyl gael, ond mae'n rhaid fod angen rhyw swm arbennig arno fo.'

'Fuost ti'n disgwyl yn hir?'

'Naddo, diolch i Dduw. Mae Dermot yn eithaf da, chwarae teg iddo fo. Os wyt ti wedi gorffen, dos di i newid tra bydda i'n golchi'r llestri yma. Mae hi'n tynnu am chwarter i wyth yn barod.'

Mi fentrodd hi gân wrth fynd â'r llestri i'r gegin fach y tu ôl i'r llen yng nghongl yr ystafell fyw a'u golchi. Wedyn fe gododd ei gwallt yn y cefn i mewn i rwyd, a dododd het goch am ei phen a phìn hir drwy'r cwbl. Estynnodd ei chôt orau a oedd yn cynhesu wrth y tân, a rhoddodd hi amdani gan frysio gyda'r botymau wrth fynd trwodd i'r llofft i nôl ei gŵr.

'Eamon bach, mi fyddan ni'n hwyr os na frysiwn ni. Be sy arnat ti, dweda?' Yr oedd Eamon yn edrych yn hurt, dros ei ysgwydd, arno'i hun yn y drych. Trodd yn apelgar ati, ac yna dangos ei benelin dde iddi, a'r crys yn dangos drwy'r hen siwt. Yr oedd hi wedi breuo erstalwm, y gwaelodion wedi dechrau ymddatod, y pen-ôl a'r gwddf wedi hen sgleinio, y defnydd wedi mynd i edrych yn ddi-enaid, ond freuddwydiodd yr un ohonyn nhw y byddai hi'n mynd o'u blaenau nhw. Aeth y ddau'n ôl yn araf i'r ystafell fyw ac eistedd o bobtu'r tân. Ymhen hir a hwyr tynnodd Eamon y gôt, a chawsant weld maint y difrod. Doedd dim dwywaith amdani: dyma ben llwybr y gôt. Mentrodd Roisin roi clwt ar y twll a cheisio ei dynnu at ei gilydd gydag edafedd; a chwarae teg iddi, fe wnaeth ei gwaith yn eithaf da. Ond yr oedd gan Dermot a Ffintan lygaid craff.

'Be 'dan ni am ei wneud heno, Roisin?'

'Mi awn ni fel arfer, ac mi gei di wisgo dy siwt. Tyrd rŵan a rho dy gôt amdanat.'

Yr oedd y ddau'n cerdded fraich ym mraich ar hyd y stryd, gan gadw at reiliau gerddi'r tai mawr, a'r bobl yn brysio heibio iddyn nhw, cyn i'r dagrau lwyddo i orlifo o'i llygaid. Yn araf yr oedd hi'n sylweddoli mai dyma dro olaf yr hen siwt. Doedd dim gwerth mynd â'r trywsus allan heb y gôt. Byddent yn lwcus dros ben os cymerai Dermot hi'n ôl am unrhyw bris, a hyd yn oed wedyn mi fyddai'n rhaid ei gadael hi yno am byth, mwy, rhag ofn iddi fynd yn garpiau arnyn nhw, a chaen nhw ddim o gwbl amdani wedyn. Rŵan y byddai'n talu'n ôl y bumpunt a fenthyciodd hi bron un mlynedd ar ddeg yn ôl, a Duw a wyddai o ble y dôi'r arian at yr wythnos nesaf. Hyd yn oed heb noson allan, mi fyddai'n rhaid iddyn nhw fyw ar ychydig iawn am wythnos neu ddwy. Ond yr oedd pawb am gael mynd allan heno. Y genhedlaeth ifanc yma'n cael digonedd o arian. Cotiau lledr a dillad brethyn siapus, a rhialtwch ac asbri yn eu llygaid nhw wrth iddyn nhw wag rodianna'n braf. Wel, mi gaent hwythau'r un noson yma beth bynnag.

'Wyt ti am gael da-da fel arfer?'

'Ydw, tad. Tyrd i mewn efo fi, Eamon.' Yr oedd hi'n falch bob amser o gael ei ddangos i Mrs Duffy yn ei siwt. Ymlaen â nhw wedyn ac i'r cwt hir am y seddi hanner-coron, lle'r oedd pawb bron yn ddeuoedd fraich ym mraich. Methodd y ddau ag ymgolli yn y ffilmiau byr, ond llwyddodd yr hen athro yn y brif ffilm—*Goodbye, Mr Chips*—i godi tipyn ar eu calonnau nhw. Wedi'r cwbl yr oeddyn nhw wedi cael tipyn o sbort ar draul yr hen siwt.

Bu raid i Eamon dalu am gadw ei gôt fawr amdano yn y sinema: teimlai'n oer ar ôl mynd allan i'r stryd a cherdded adref. Wrth helpu i dynnu'r siwt a'i phlygu a'i pharselu y torrodd Roisin i lawr unwaith eto, a bu Eamon yn ei chysuro gan dynnu'r pìn a'r het a rhoi paned boeth iddi.

'Mae'n hen bryd, beth bynnag, inni roi'r gorau i fynd i weld ffilmiau, Roisin. Mi gei di ddŵad efo fi i Herlihy's o hyn allan i ti gael sgwrsio efo'r merched eraill.'

Daeth hyn â rhyw wên i'w llygaid ac aeth y gweddill o'u hegwyl rhagddo'n eithaf. Y ddau'n gweddïo'n daer ddydd Sul, ac Eamon yn mynd drosodd i'r eglwys tra oedd hi'n mynd at y ponwyr ddydd Llun. Trwy ryw lwc, Dermot oedd yno a chymerodd y siwt a'i hagor a'i rhoi ar y crogydd. Daliodd i sgwrsio'n gellweirus gyda hi drwy'r amser, ac am y tro cyntaf erioed rhoes winc iddi wrth roi'r dyrnaid arian iddi a ffarwelio.

Erbyn iddi gyrraedd y stryd a throi i edrych ar y siop yn atgofus, gwelodd nad oedd ganddi ond un papur heno, a hwnnw yn un pumpunt. Ar fin dychwelyd i edliw ei ddiffyg gofal i Dermot, mi gofiodd hi'n sydyn am y winc. Fe gâi hi ychydig o wythnosau eto cyn gorfod chwilio am rywbeth arall i'w bonio.